# 천국을 누리고 세우는
# 사랑이꽃피는교회 이야기

# 목차

# PART 3. 자녀들이 꽃피는 교회

# PART 4. 세상을 꽃피우는 교회

# PART 5. 서로를 꽃피우는 교회

# PART 6. 제자로 꽃피는 교회

# PART 7. 역사가 꽃피는 교회

# PART 8. 화보 그리고 연혁

# 70주년 기념도서를
# 출판하면서

할렐루야! 살아계신 하나님을 찬양합니다.

세상을 창조하실 때, 사람을 창조하시고 에덴동산을 창설하신 하나님께서 사람이 타락하여 사망의 그늘 아래 신음할 때 약속대로 하나님의 아들이신 예수 그리스도를 아브라함과 다윗의 후손으로 보내셨습니다. 그를 통해서 인류의 모든 죄를 대신 담당하게 하시고 약속대로 성령님을 보내셔서 교회를 창설하셨습니다.

하나님께서는 또한 예수님은 약속대로 예루살렘과 유대와 사마리아와 땅끝까지 복음을 확장하셨습니다. 그 복음의 확장은 가장 고통스러운 시간을 보내던 시기에 이 땅에 교회를 세우셨습니다. 대한민국은 독립 후에 나라를 제대로 세우기도 전에 민족상잔의 비극인 6·25전쟁을 겪었습니다. 온 나라가 도탄에 빠져 살아갈 희망마저 없었습니다. 일제강점기 때 한국교회는 신사참배라는 큰 죄

악을 범하였음에도 회개를 거부했습니다. 하지만 옥중에서 신앙의 절개를 끝까지 지켰던 믿음의 선진들이 회개와 영적 갱신 그리고 바른 신학과 순결한 신앙 운동을 위하여 고려신학교를 시작했습니다.

사랑이꽃피는교회(전신, 대조교회)는 고려신학교를 중심으로 새로운 교회 운동인 고신교회 운동이 시작될 즈음에 조용한 시골 마을에서 이 운동에 동참했습니다. 바른 신학과 순결한 신앙 운동에 동참한 지 70년째를 맞이하게 하신 삼위 하나님의 위대하심을 찬양합니다.

그동안 어려운 교회를 맡아서 수많은 영적인 유산들을 물려주시고 민족과 열방을 섬기는 교회로 세워주신 믿음의 선배들의 기도와 땀과 눈물에 대하여 감사를 드립니다. 다시금 영적 위기를 맞이한 한국교회의 상황 속에서 사랑이꽃피는교회는 소그룹과 다음 세대 사역을 통해서 한국교회에 성경적인 대안을 제시하는 교회로 많은 열매를 맺는 교회가 됐습니다.

교회설립 70주년을 맞이하면서 '교회 역사를 정리하는 책을 만들까?' 하다가 이런 책은 소장할 가치는 있지만 자칫하면 서재에 꽂혀만 있는 책이 될 가능성이 있다는 생각을 했습니다. 더불어 '현재 사랑이꽃피는교회에서 일어나고 있는 사역들에 대해서 정리한 책이 있으면 좋겠다'라는 요청을 오랫동안 받아왔고 현재 사랑이꽃피는교회의 사역을 소개하게 됐습니다. 그러나 이번 책에 오랫동안 교회를 세워 오신 분들의 역사를 제대로 기록하지 못한 것에 대해서 진심으로 송구합니다.

또 한 가지 염려스러운 것은 글을 쓴 사역자들과 성도들이 전문적인 작가들이 아니므로 사역들을 제대로 표현하는 데 부족함이 있고, 글 자체도 매끄럽지 못한 부분들이 있을 수 있다는 점입니다. 그러나 저희가 이렇게 책을 내면서 갖는 확신은 우리들의 사역이 단지 오늘의 결과물이 아니라 우리 믿음의 선배들이 오래도록 사역한 결과물로써 오늘 나타나고 있다는 것입니다. 그리고 글솜씨는 작가들보다 분명히 부족한 부분이 있을 수 있지만 사역자들과 성도들이 진솔하게 기록했다는 데 의미가 있습니다. 우리 성도들에게 이 책이 하나님께서 우리에게 주신 열매를 기뻐하는 책이 되었으면 하는 바람과 지금도 역사하시는 하나님의 역사를 찬양하는 책이 되었으면 좋겠습니다.

이 책을 만들기 위해서 수고하신 사역자들과 성도님들 그리고 고신언론사 사장 최정기 목사님, 박진필 국장님과 직원들에게 깊은 감사를 드립니다.

2023년 10월
사랑이꽃피는교회 담임목사 구빈건

1부
—

# 복음이
# 꽃피는 교회

# 우리는 어떤 교회를 꿈꾸는가?

### 구빈건 담임목사

한국교회가 영적으로 하나님께 범죄했을 때, 회개와 영적갱신 운동으로 출발한 사랑이꽃피는교회가 한국교회를 위해서 할 수 있는 일이 무엇일까? 우리는 그것에 대하여 생각하며 지금까지 달려왔습니다.

한국교회는 급성장했습니다. 하지만 성장주의, 물질주의, 물량주의와 같은 여러 가지 잘못된 요소들도 발생했습니다. 한편 생명공학, AI의 발전과 여러 타락한 문화들로 일어난 반기독교적인 정서 등으로 한국교회는 급격하게 쇠락하고 있습니다. 장년들과 다음 세대가 급속하게 이탈하고 있는 것이 현실입니다.

이런 상황 속에서 우리 사랑이꽃피는교회는 무엇을 꿈꾸고 있습니까? 이것은 우리만의 꿈이 아닙니다. 어느 시대, 어느 지역에서든 성령님은 하나님의 교회에 비전을 보여 주시고 그 비전으로 그 시대를 감당하게 하십니다.

본론

### 1. 하늘 가족 공동체

하나님께서 창조 사역과 구속 사역을 통하여 끊임없이 꿈꾸신 세상은 하나님의 나라가 이 땅에 임하는 것입니다. 에덴동산에서, 가나안 땅에서, 예수님의 제자 공동체 안에서 그리고 그 제자들을 통해서 예루살렘과 온 유대와 사마리아와 땅끝으로 흩어지면서 세워지는 하나님의 교회를 통해서 바로 여기, 이곳에 말입니다. 사랑이꽃피는교회가 중요하게 생각하는 것은 가족입니다. 그래서 우리 교회는 예수님께서 새 계명으로 주신 "너희가 서로 사랑하라. 내가 너희를 사랑한 것 같이 너희가 서로 사랑하라. 너희가 서로 사랑하면 모든 사람이 너희가 내 제자인 줄 알리라"(요 13:34)는 말씀을 가장 중요한 말씀으로 여기며 어떤 사역보다 사랑의 관계를 누림을 최고의 가치로 삼고 있습니다. 단지 목표를 이루기 위한 조직이 아니라 하나님을 아버지로 모시고 예수님을 맏형님으로 모신 사랑의 가족임을 공동체 안에서 스스로 경험하게 하고 그렇게 자란 성도들이 또한 그 사랑을 강화시켜 나가고 있습니다.

### 2. 사랑의 종이 되어 은사를 따라 사역하는 공동체

하나님의 교회는 예수님께서 성령님을 보내셔서 세우신 공동체입니다. 이 공동체는 사람의 힘이나 지혜나 능력이나 권위가 나타나는 것이 아니라 성령의 은사를 따라 성령의 나타남과 능력으로 사역해야 합니다. 그래서 우리 공동체는 나이나, 직분이나, 학력 등이 아니라 오로지 성령의 은사를 따라 자신이 사역을 결정하고 지원하여, 사역한 경험이 많은 사람을 사역자로 세워서 사역합니다. 그리고 사역의 원리는 주장하는 자세가 아니라 철저하게 종이 되어 섬기는 자세로 사역하는 것입니다.

### 3. 다음 세대를 강력하게 세우는 공동체

지난 20년 동안 사랑이꽃피는교회에서 가장 주력한 부분은 다음 세대입니다. 청년들을 허리로 세워서 그 청년들을 통해서 다음 세대를 세우는 것을 목표로 삼았습니다. 그래서 담임목사가 청년부를 맡아서 20년 동안 사역하고 사역의 규모가 자라가면서 간사들을 세우고, 학사를 만들고, 청(소)년센터를 만들었습니다. 청년들만의 주일 오전 예배를 만들고 청년들을 통해서 교육부서를 사역하게 하는 구조를 만들었습니다. 더불어 청년들을 위하여 어른 중심의 새벽기도회는 자율로 하게 하고 저녁기도를 매일 드림으로 청년들이 기도하고 성령으로 충만하여 자발적으로 교회를 섬기는 일에 열심히 참여하는 교회가 됐습니다. 이 바탕 위에 주일학교, 토요학교, 방과후학교, 처치홈스쿨, 어린이도서관, 영어캠프 등을 통해서 다음 세대가 교회 안에서 너무나 행복하게 신앙생활을 하면서 더 강력한 교회를 세우기 위하여 준비되어 가고 있습니다.

### 4. 세상을 섬기는 공동체

우리는 예수님께서 세상을 구원하기 위해 오신 사역의 원리를 따라 두 가지 방식으로 세상을 섬깁니다.

첫째는 복음으로 세상을 섬깁니다.

복음을 전해서 잃어버린 영혼들을 주님께로 인도하는 것입니다. 특별히 우리가 가진 전도 전략은 철저하게 관계 중심의 소그룹 전도입니다. 그래서 우리는 전도 잔치나 달란트 잔치 같은 전도 전략을 사용하지 않습니다. 평소에 개인적인 관계를 맺고, 목장의 전도 전략인 행복모임을 통해서 소그룹 안에서 교제하면서 복음적인 삶을 보여 주고, 그들이 구원의 이유를 물을 때에 우리가 복음을 전하는 방식입니다.

둘째는 세상에 빛과 소금이 되어 봉사하고 섬기는 일을 합니다.

청소년 센터와 사랑이꽃피는봉사단을 통해서 건전하고 건강한 청소년문화를 만들고, 지역에 소외된 어르신들과 아동들을 섬깁니다. 플리마켓을 통하여 지역 사회가 소통할 수 있는 환경도 만들고 있습니다. 다음 세대를 위해서 방과후학교, 주말학교, 작은도서관, 여름 물놀이 교실 등을 진행합니다. 그리고 청년들을 위하여 마을공동체 만들기, 마을 기업 만들기 등을 계획하고 실행하고 있습니다. 또한 선교에 대한 관심으로 외국인 유학생, 노동자, 이주민들을 위한 사역을 계획하고 준비 중입니다.

우리는 이런 사역들을 통해서 천국을 누리고 세우는 천국공동체로!

리더가 종이 되어 섬기는 사랑의 공동체로!

다음 세대가 행복하게 자라서 더 강력한 교회를 세우는 비전 공동체로!

성령충만하여 복음을 땅끝까지 전하는 복음 공동체로!

세상의 빛과 소금이 되어 세상의 어두운 곳과 아픈 곳을 치유하는 회복 공동체로!

거룩한 주님의 신부가 되어 주님 오실 날을 대망하며 달려가고 있습니다. 기대해 주시고 기도해 주십시오.

# 사랑이꽃피는교회를 건강하게 하려고
# 내렸던 결정들은 무엇인가?

구빈건 담임목사

## 들어가면서

사랑이꽃피는교회를 사역하면서 우리 교회가 어떤 역할을 할 수 있을 것인가 고민했습니다. 한국교회가 100년을 넘어서면서 그동안 너무나 아름답고 강력하게 세워져 왔는데 어느 순간부터 성장이 둔화되고, 고령화되고, 심지어 젊은이들이 외면하는 교회로 점점 변해가는 모습을 보여 주고 있습니다. 그래서 한국교회를 다시 갱신하고 건강한 공동체를 세워 소위 가나안 성도들을 다시 돌이켜 세우고, 젊은이들이 돌아오는 교회를 세우기를 원했습니다. 그러기 위해서 사랑이꽃피는교회가 본질에 충실하면서 이 시대에 맞는 사역의 원칙을 가져야겠다고 생각했습니다. 이로 인해 우리가 내렸던 중요한 결정들은 어떤 것들이 있을까요?

## 1. 권위주의적인 권위를 내려놓는다.

한국교회 초창기에 많은 믿음의 선배들은 어려운 환경 속에서 눈물로 고생하면서 교회를 개척하고 세웠습니다. 그래서 성도들이 목사님과 장로님들을 존경하고 따랐습니다. 그래서 그분들은 권위가 있었습니다. 이것은 부정할 수 없는 사실입니다. 그런데 시간이 지나면서 그것이 변질됐습니다. 한국교회는 권위주의로 병들어가고 있는 현실 또한 부정할 수 없습니다. 그래서 우리가 가장 먼저 청산하기로 한 것이 권위주의입니다. 담임목사와 부교역자와 관계, 목회자와 성도들과의 관계, 당회원 안에 나타나는 권위주의를 극복하지 못한다면 건강한 교회를 세울 수 없다는 결론에 도달했습니다. 우리는 모든 사역에서 자신에게 주어진 권위를 사용하되 가능하면 수평적인 관계 안에서 최소한의 권위를 사용하는 것을 원칙으로 했습니다.

먼저, 가능하면 교역자 회의는 하지 않습니다. 교역자 단체 채팅방을 이용하여 서로 의견을 청취하거나 공지할 사항을 알립니다. 매주 토요일 점심시간이 가능한 교역자들이 식사하며 교제를 합니다. 딱딱한 회의라기보다는 사역에 필요한 의견들을 나누는 가족 모임이 되게 했습니다.

당회의 모임도 주일에는 거의 없고, 금요일 리더 모임 후에 티타임 형식으로 모입니다. 중요한 문제들은 평소에 공유하고 있으므로 굳이 회의가 무거워질 이유가 없습니다. 특별히 당회는 연말 결산과 계획을 세우는 일 외에는 보고서를 따로 받지 않습니다. 심지어 연말에 전체적인 방향에 대해서만 의논하고 개별적인 교육 부서 사역이나 팀 사역은 철저하게 그 사역부서에 맡깁니다.

## 2. 모든 사람에게 자유를 보장한다.

예수님은 우리에게 진리 안에서 자유를 주셨습니다. 그 자유는 모든 그리스도인에게 주신 자유입니다. 그러므로 거기에는 예외가 없습니다. 그래서 모든 성도들과 사역자는 자유로운 마음으로 모든 것을 결정합니다. 사역자들도 기도회, 출퇴근, 휴무와 휴가를 사역에 지장이 없는 선에서 얼마든지 스스로 결정합니다.

모든 토론은 일대일을 원칙으로 합니다. 누구든지 자신의 의견을 정확하게 이야기합니다. 특별히 반대의견을 내는 것을 조금도 주저하지 않습니다. 그리고 충분히 토론해서 결론이 나면 그것에 따라 사역합니다.

우리 중에 누구도 혼자서 모든 것을 지시하고, 주장하는 자세를 철저히 배제합니다. 자유로운 가운데 토론하고, 사역하고, 신앙생활을 합니다. 강제로 하는 부담감과 스트레스를 줄여서 사역을 하는 모든 사람들이 사역에서 즐거움을 느끼도록 배려하고 있습니다.

## 3. 사역자들의 사역에 대한 결정권을 준다.

모든 사역은 그 사역을 맡은 사역자 위주로 결정하고 사역하도록 했습니다. 담임목사의 역할은 담당 사역자가 필요한 것을 요구하거나, 문제가 생겨서 해결하기 위해서 물어 오는 문제들을 들어주고 같이 해결방안을 찾는 것입니다. 혹 조언을 한다면 사역에서 일어날 수 있는 문제들에 대하여 미리 의견을 나누는 정도로 했습니다. 그래서 1년에 두 번 전반기, 하반기의 사역자 모임을 통해서 사역에 대한 전반적인 의논을 하지만 그 모든 사역은 담당사역자가 기획하고 결정합니다.

그래서 당회에 내는 보고서가 거의 없습니다. 사역자들이 사역에 대한 계획을 세우고 일을 하지만 계획서를 결재받은 후에 사역하는 일은 거의 없습니다. 연초에 세운 계획을 사역팀이 결정하고 진행하도록 하고 있습니다. 이렇게 사역하니 사역자들이 더 신중하고, 더 열정적으로 사역합니다.

### 4. 사역자들의 사역과 후생에 재정을 적절하게 사용한다.

한국교회에서 다음 세대 목회자가 없어져 가는 이유 중 하나는 사역에 대한 복지가 너무 약하다는 것입니다. 특별히 부교역자들은 더욱 그렇습니다. 그래서 우리 교회는 사역자들에 대한 복지에 최선을 다하도록 했습니다. 교회는 사역자들의 숫자를 늘려서 사역에 대한 부담을 줄였습니다. 사역자들의 생활비뿐만 아니라 사역비, 연금, 의료보험과 퇴직금 그리고 주택구입비까지 사역하는 동안뿐만 아니라 사역을 마쳤을 때도 안심하고 생활하도록 설계했습니다. 사역할 때는 경제적 여유가 없을 수 있지만 사역을 마쳤을 때 너무 힘들지 않도록 계획적으로 교회가 책임을 져주는 형식이라고 할 수 있겠습니다.

### 5. 목회의 중심에 다음 세대를 둔다.

한국교회가 다음 세대를 말하지만 많은 경우에 어쩔 수 없이 장년 성도들의 심방이나 행사 그리고 성장 위주의 사역을 하고 있는 것이 현실입니다. 그래서 사랑이꽃피는교회는 실질적으로 목회 사역의 핵심을 다음 세대에 두기로 했습니다. 물론 그렇다고 장년 사역을 등한히 하지는 않습니다. 장년 사역은 목자들의 헌신과 수고로 목장을 중심으로 건강하게 세우고 있습니다. 반면 교역자들은 다음 세대 사역에 집중하게 했습니다. 특별히 사역자들의 수를 늘려서 한 사람이 한 부서, 더 나아가서 한 부서에 여러 사역자들이 함께 사역하는 구조를 만들어가고 있습니다.

### 6. 사역을 단순화하고 집중하게 한다.

주일 모임을 아주 단순화시켰습니다. 주일은 오전 공예배(1·2·3부) 한 번만 드리고 오후에는 소그룹 모임 그리고 저녁 시간에는 교제를 위한 여러 활동을 하도록 했습니다. 특별히 전통적인 남녀전도회나 위원회와 같은 모임은 최소한으로 줄이고 주중에 친교나 봉사의 형태로 모임을 갖습니다

### 7. 일상속에서 공동체의 아름다움을 경험하게 한다.

주일 예배와 소그룹으로 교회의 활동을 그치는 것이 아니라 일상속으로 이어갑니다. 주중에 목장모임과 사역팀 모임을 활발하게 가지고 SNS로 주일 받은 말씀을 나누고, 감사일기를 나누고, 축하와 기도제목을 나눕니다.

### 8. 기쁨과 슬픔을 함께 나누는 공동체를 만들었다.

사랑이꽃피는교회는 함께 웃고 함께 우는 공동체입니다. 결혼, 장례, 출산 등에 모든 성도가 참여합니다. 결혼은 가능하면 교회당에서 하고, 성도들이 함께 준비하고 함께 참여합니다. 장례에 모든 성도들이 적극적으로 참여해서 조문하고, 청년들이 운구를 하도록 합니다. 자녀

출산 시에는 모든 성도들이 아이를 위한 선물과 카드를 준비해 두었다가 아이가 첫 예배를 나와서 유아세례를 받는 날 선물을 주며 축하합니다. 그리고 절기와 여름 사역들에는 전 공동체가 함께 축제의 시간을 갖습니다.

### 9. 제자화에 집중한다.

모든 사역은 도제를 통한 제자화를 목표로 합니다. 교역자, 목장, 사역팀 등 모든 사역에서 철저하게 본을 보이고, 양육과 훈련을 통해서 다음 세대를 세웁니다. 특별히 사역자들이 장기적인 사역을 통해서 능력을 키우고, 부서에 함께 사역하는 교사와 팀원을 키워서 오랜 시간을 함께 하며 자연스럽게 제자화가 되도록 하고 있습니다.

사랑이꽃피는교회가 지금까지 이런 아름다운 교회로 성장할 수 있었던 것은 이러한 분명한 성경적인 사역의 원리를 따라 사역하였기에 하나님께서 아름다운 열매를 주신 줄로 믿습니다. 그러나 세상에 완전한 교회는 없습니다. 더 겸손하게 주님께서 맡기신 사역을 잘 감당하기 위해서 성경을 통해서 더 좋은 사역의 원리를 발견하고 적용하면서 더 좋은 교회로 세워가야겠습니다.

"
사랑이꽃피는교회는
하나님 나라를 함께 사는 공동체입니다.
"

# 2부

# 청년이
# 꽃피는 교회

# 청년 사역의 원리

구빈건 담임목사

### 들어가면서

사랑이꽃피는교회 사역의 핵심은 청년사역입니다. 저는 처음 부임부터 지금까지 청년부를 담당하고 있습니다. 현재는 4명의 사역자와 함께 사역합니다. 청년부 담당교역자가 담임목사라는 것만으로도 교회가 청년들에게 사랑과 관심을 베풀게 합니다. 그렇게 해서 20년 전에 불과 10명 미만의 적은 공동체가 미혼 청년만 200명이 넘는 강력한 공동체로 자랐습니다. 단지 청년들이 많을 뿐 아니라 청년들이 교회의 교사로, 다음 세대를 세우는 일과 교회의 특별한 사역에 중추적인 역할들을 감당하고 있습니다. 청년들이 각 사역에 팀장과 리더의 자리를 감당합니다. 청년들은 더 이상 사역의 조력자가 아니라 사역의 주체이며 리더입니다. 이 청년들을 세우는 원리는 이러합니다.

## 1. 제자화입니다.

제자화는 두 가지 방법으로 합니다. 하나는 목장입니다. 목장에서 양육을 받고, 교회생활의 전반적인 것들을 배우며, 자연스럽게 목자와 목장원들을 통해서 목장 모임과 신앙 생활의 모든 것들이 훈련됩니다. 특별히 목자로 어떻게 살아가야 하며 어떻게 사역하는지를 배웁니다. 또 다른 하나는 교회의 훈련입니다. 새가족반, 양육반, 제자훈련, 리더 훈련입니다. 새가족반은 새가족 도우미로부터 4주간, 양육반은 부목 사님으로부터 14주간 그리고 담임목사로부터 제자훈련을 1년간 받으며, 제자훈련이 끝나면 평생 매주 금요일 저녁 8시에 리더훈련을 받습니다.

## 2. 공동체입니다.

청년들은 공동체로 들어오고, 청년들 안에서 자라고, 공동체를 세우는데 헌신합니다. 그러기 위해서 목장 모임과 목장 생활 그리고 사역공동체가 활발합니다. 이로 인해 공동체가 건강하게 세워지고 있고, 공동체에 들어오기만 하면 공동체를 사랑하고, 공동체를 세우는데 헌신하게 됩니다.

## 3. 교회를 세우는 사역입니다.

사랑이꽃피는교회의 사역의 핵심은 청년부를 통해서 이루어집니다. 청년들이 교회를 봉사하면서 어른들의 사역을 돕고, 특별히 다음 세대를 세우는 사역을 전담합니다. 주일학교, 주말학교, 방과후학교, 성경학교, 전도와 선교, 그리고 봉사활동에서 리더가 되어서 다음 세대들과 함께 사역합니다.

4. 캠퍼스 전도입니다.

사랑이꽃피는교회의 청년사역을 캠퍼스에서 전도와 인도를 통해서 세워졌습니다. 그리고 전도 사역을 계속해서 하고 있습니다. 입학식 즈음에는 길거리 전도를 하고, 학기 중에는 1주일에 한 번 소그룹모임을 통해 전도합니다. 그리고 청소년 센터(카페)로 초대해서 게임을 즐기며 전도하기도 합니다.

5. 국내전도여행, 단기선교, 주말 봉사활동을 통해서 섬기는 삶을 훈련합니다.

청년들의 신앙은 다른 사람을 섬기고, 전도와 선교사역에 동참하면서 강력해집니다. 그래서 여름에 국내전도여행을 떠나고, 겨울에는 단기선교를 떠납니다. 그리고 주말에는 청소년들과 함께 독거노인 반찬봉사를 하고, 그룹홈 아이들을 섬기는 일을 합니다.

우리 청년들은 이렇게 해서 세상을 섬기고, 선교하는 삶을 살도록 훈련되어갑니다. 청년들이 건강하게 성장해서 교회의 각 부분을 섬기고 봉사합니다. 그렇게 청년을 중심으로 사역해 오던 20년의 열매가 지금의 교회 전 부분에 걸쳐 나타나고 있습니다.

# 믿음 한 걸음, 소망 한 걸음, 사랑 한 걸음, 하나님 나라

### 원소라 청년

현재 1청년부는 40가정 정도의 기혼자 형제자매들로 구성되어 있습니다. 20대 중반부터 40대 초반까지의 연령대로 형제목장 4개와 자매목장 6개 총 10개의 목장으로 편성되어 있습니다. 대부분 2·3청년부에서 소속되어 신앙생활하며 훈련받았던 형제자매들로 구성되어 있지만 결혼을 하고 배우자를 따라 교회를 옮긴 경우도 있고, 행복모임과 전도를 통해서 또는 누군가의 소개를 통해 각자 다양한 이유들로 공동체에 함께하게 되어 북적북적 대가족을 이루고 있습니다.

1청년부에는 하양진량 토박이들도 많이 있지만 청년 시절 다른 지역 출신들이 이곳 근처 대학교에서 공부하고, 취직도 하고, 결혼하며 이곳이 제2의 터전이 되어 살아가고 있습니다. 교회공동체를 사랑하게 되고 이곳에서 발견한 하나님 나라의 비전 때문에 발이 떨어지지 않아 직장도 결혼도 다 이곳에서 하게 됐습니다. 어느 형제자매는 고향과 수도권 쪽으로 갈 수 있음에도 교사 임용, 공무원 시험 응시도 경산과 대구로 했습니다. 많은 청년이 취업도 교회를 중심으로 합니다.

저는 경기도 연천에서 와서 이곳에서 살게 됐습니다. 구리, 천안, 포항, 정읍, 진주, 울산, 마산, 통영, 김천 등 '우리가 이렇게 어찌 만났을까?' 싶을 만큼 우리의 생각을 뛰어넘으시는 하나님을 봅니다. 어느 한 자매는 올해 초에 교회공동체가 너무 좋아서 포항에서부터 경산까지 이사를 왔습니다.

1청년 공동체가 건강하게 세워져 가고 있는 이유는 목장공동체가 든든하게 세워져 왔습니다. 목장 사역은 주중과 주일에 이뤄집니다. 주중에는 목자들이 목장 식구들에게 전화로 안부를 묻고 만나서 차도 마시며 집으로 초대하여 같이 밥을 먹으며 마음을 털어놓고 삶과 주일에 받은 말씀을 어떻게 살고 있는지, 오늘 받은 말씀의 은혜는 어떠한지를 나눕니다. 주중에 목장 생활을 하며 목장원 간의 참 교제가 일어나고 그 안에서 함께 성장해 갑니다.

주일에는 예배 후에 목장 모임으로 모입니다. 삶과 말씀을 나눕니다. 어린 자녀들이 있는 아빠 엄마들 대부분은 자녀들과 함께 목장 모임에 참석합니다. 기저귀를 갈아주며, 투정하며 우는 아기들을 안고 달래 가며 모임을 이어갑니다. 때론 어렵고 힘듦에도 불구하고 목장 모임의 소중함과 이 모임을 통해서 나타나는 성령의 능력을 알기에 감수하며 함께 해나가고 있습니다. 주일 말씀을 받은 것에 우리의 모습을 정직하게 비추어 보며 죄와 약함과 허물을 고백합니다. 서로의 기도 제목을 가지고 함께 뜨겁게 중보하며 위로를 얻습니다.

매주 목장 모임을 통해서 성령님 안에서 하나 됨의 임재를 경험하며 세워져 가고 있습니다. 형제목장에 처음 온 어느 형제는 30대 남자들이 모여 술이 아닌, 커피 한잔과 성경책 한 권 펴놓고 1~2시간을 진지하게 삶과 말씀의 이야기를 나누는 모습을 보고 신선한 충격을 받았다는 비하인드 스토리가 있습니다.

사랑의 교제와 하늘 가족 됨을 누리는 공동체임에 감사합니다. 목장 중심으로 교제를 하다 보니 다른 목장 식구들과의 교류가 적어서 아쉬운 부분들을 1청년부 전체 모임과 형제 모임, 자매 모임을 통해 하늘 가족애를 다집니다.

1청년부 전체모임은 절기주일과 그 외 분기별로 모이게 됩니다. 1~2가지씩 도시락을 준비해 와서 포틀럭 파티도 하고, 배달 음식을 주문해서 먹기도 하며, 캠핑과 피크닉 또 얼마 전에는 형제들끼리 래프팅을, 자매들끼리는 영화를 보며 행복한 시간을 보냈습니다. 형제들은 매주 토·일요일 저녁 비전 필드에서 풋살의 열기를 뜨겁게 달구며 온몸을 땀에 흠뻑 적시며 풋살로 형제의 하나 됨을 다져가며, 하나님 나라를 세워가는 데 매우 중요한 것이 풋살이라며 입을 모아 간증을 합니다.

"새 계명을 너희에게 주노니 서로 사랑하라 내가 너희를 사랑한 것 같이 너희도 서로 사랑하라 너희가 서로 사랑하면 이로써 모든 사람이 너희가 내 제자인 줄 알리라"(요 13:34~35).

어느 한 형제의 어머님께서 갑자기 쓰러지셔서 응급으로 이송되시고, 의식을 잃고 장기 입원으로 이어지는 상황 가운데 함께 마음을 모아 간절히 기도하고 모금하여 전달했던 일이 있었습니다. 어느 자매 어머니께서 불법 유턴 차량과 충돌하는 운전사고로 인해 몇 차례 대수술을 앞두고 형제자매들의 눈물의 중보와 모금으로 하나님의 사랑이 우리 안에 있음을 보았습니다.

누군가 아프거나 육아로 지쳐 있거나, 어느 형제가 직장에서 잔업이 많아 지쳐 있을 때, 아이들을 대신 돌봐주거나 아이가 먹을 이유식과 반찬을 만들어 문고리에 걸어두고 문 앞에서 잠시 그를 위해 기도하고 조용히 돌아오곤 합니다. 병원에 혼자 갈 수 없을 땐, 동행하여 수액을 맞는 동안 손잡아 주며 기다려 주기도 하고, 집에 가는 길엔 죽을 사주는 것은 사랑의 보너스입니다. 어느 자녀가 수술해야 할 때면 관심을 가지고 경과를 물어보고, 중보의 생명싸개로 아이를 기도로 덮어주고 아이가 좋아하는 것 사 먹으라며 따스한 손으로 봉투를 건네줍니다. 갑작스러운 가족의 장례로 마음이 한없이 무너져 슬픔이 덮쳐올 때, 먼길 마다하지 않고 달려와 말없이 안아주고 같이 울고 밤을 같이 지새웁니다.

2014년부터는 출산이벤트가 생겼습니다. 출산을 하고 50~100일쯤 교회에 처음 예배하러 오는 날 아기는 유아세례를 받고, 성도님들께서 정성껏 준비해 주신 선물 꾸러미들과 축하 카드가 담긴 선물 수레가 예배당 중간으로 등장합니다. 예배 마지막 시간에 축복 찬양과 함께 축복을 받게 되지요. 아기가 사랑스럽고 예쁘다며 온 마음으로 축하해주고 함께 기뻐합니다. 저는 그 선물 꾸러미들 하나하나 풀어보고 카드를 읽으면서 뜨거운 눈물을 뚝뚝 흘리고 마음이 녹아내리는 사랑을 경험했습니다.

우리 교회의 출산 문화로 자리매김하며 1청년부에서는 "선물을 받기 위해 아기를 더 낳는다"라는 우스갯소리가 있을 정도입니다. "얼굴도 모르는 우리 부부에게 이렇게까지 베풀어 주시는 성도님의 사랑에 감동하여 몸 둘 바를 모르겠다. 어떻게 이렇게까지 해주실 수 있을까"라며 감사의 고백이 곳곳에서 터져 나오며, 아기를 키워갈 용기를 얻고 사랑을 받습니다. 한 생명을 향한 하나님의 사랑을 공동체가 몸소 깨닫고 있습니다.

초대교회의 성도들이 모든 물건을 통용하고 각 사람의 필요를 따라 나눠주었던 나눔과 베풂의 삶이 우리 공동체에도 실현되고 있음에 감사합니다. 집에는 아직 쓸 만한 물건들이 있기 마련입니다. 육아용품, 책, 아기 옷, 장난감, 주방용품, 가구, 전자제품들까지 "필요하신 분 드립니다"라는 글과 사진이 단체 대화방에 게시됩니다. 결혼과 육아로 이것저것 필요한 것도 구입할 것도 많아 재정의 부담이 되는 현실 앞에 공동체의 나눔은 그야말로 하나님의 공급하심을 채움 받는 복의 통로입니다.

"이같이 너희 빛이 사람 앞에 비치게 하여 그들로 너희 착한 행실을 보고 하늘에 계신 너희 아버지께 영광을 돌리게 하라"(마 5:16).

1청년부에서 함께 사랑을 나누고 이웃을 섬기고 있는 사역들을 소개하고자 합니다.

2014년~2021년까지 우리 교회 협력 선교지 태국의 전대원 선교사님께서 사역하시는 후아야이교회의 '툰차녹' 자매가 태국에서 영남신학대학교 신학과에서 공부하게 됐습니다. 툰차녹 자매의 생활비를 1청년부 형제자매들이 함께 모아 매달 지원해 주었습니다. 집에 초대해서 함께 밥을 먹고, 교제를 나누며, 영혼을 섬기고 세워가는 일에 동참했습니다. 툰차녹 자매는 신학 공부를 마치고 전도사님이 되어 본국으로 돌아가 후아이야이교회를 믿음으로 섬기고 있습니다.

2022년부터는 경북중부노회에 속한 미자립교회, 개척교회를 위해 1청년부 회비 중 작정 금액을 함께 헌금하고 있습니다. 적은 금액이지만 마음을 모아 힘을 보태어 드릴 수 있음에 감사합니다. 코로나바이러스가 한창 심했을 시기에는 이웃들에게 마스크와 손소독제를 나누며 이웃들을 향한 사랑을 전했습니다.

또한 행복모임을 통해서 전도 대상자와 관계 맺기를 하고, 필요를 채우고, 모임에 초대하여 예수님의 사랑과 복음을 전하고 흘려보냅니다. 베스트의 아이를 잠시 맡길 곳이 필요할 때 아이를 돌봐주고, "김치전 구웠는데, 같이 먹어요"라며 음식을 가져다주고, 아이에게 필요한 물품을 가져다주기도 하며 베스트의 실제적인 필요를 채워주고, 베스트가 힘겹고 우울하고 고단한 삶의 이야기를 털어놓을 때 영혼의 아픔을 함께하고 그를 위해 기도해 줍니다. 행복모임과 전도의 열매가 맺히는 것을 봅니다.

"교회는 그의 몸이니 만물 안에서 만물을 충만하게 하시는 이의 충만함이니라"(엡 1:23).

이 말씀은 구빈건 목사님께서 지금의 1청년부 형제자매들에게 자주 하셨던 말씀입니다. 구빈건 목사님께서는 저희와 함께 먹고, 마시면서 교회 얘기와 하나님 나라의 비전 이야기, 우리가 어떻게 살아가야 하는지에 대해 말씀해 주시고 또 말씀해 주십니다.

목사님은 아무래도 요셉과 같은 '꿈쟁이'인가 봅니다. 교회와 비전 이야기를 매번 반복해서 말씀해 주시는 '반복의 귀재'이신 것 같습니다. 우리가 늘 이렇게 훈련받고, 결혼해서 자녀를 힘닿는 한 많이 낳아서 성숙한 가정을 세우자고 합니다. 그 자녀들이 말씀의 가르침 아래 하나님의 교회가 더욱 든든하고 순결하게 세워져 갈 것을 기대하고 소망한다고 하십니다. 다음 세대를 바라보며 저희를 세워가는 거라고, 그 다음 세대 아이들이 이 지역과 나라와 열방을 섬기고 하나님 나라를 확장하는 강력한 다음 세대를 세우기 위해 한발 한발 공동체가 함께 걸어가고 있음을 봅니다.

모든 교회의 주인 되시고 만물을 충만하게 하시는 하나님께 감사와 영광을 올려드립니다.

# 가운데 끼어 더 따뜻한 공동체

구웅 목사

사랑이꽃피는교회의 청년부는 크게 세 개의 부로 나뉩니다. 대학생과 대학을 갓 졸업한 청년들이 있는 3청년부가 있습니다. 결혼해서 가정이 있고 아직 장년부 연령이 되지 않은 청년들이 있는 1청년부가 있습니다. 그렇다면 '2청년부는?' 2청년부는 대학을 졸업하고 미혼이며, 28세 이상의 청년들이 모이는 공동체입니다.

이러한 구성을 보면 알 수 있듯, 2청년부 공동체는 3청년부와 1청년부의 다리 역할을 합니다. 3청년부에서 대학생 시절 이성 교제를 우선순위에서 내려놓고 열심히 훈련받은 청년들이 2청년부에 올라와서 혹은 2청년부에 올라오기 전 즈음에 교제를 시작하게 됩니다. 그리고 2청년부에서는 각자 삶의 자리에서 그 믿음을 삶으로 살아내는 훈련과 하나님께서 주신 가정을 이루는 사명을 위해 노력하는 공동체가 2

청년부입니다.

그래서 2청년부의 역할은 중요합니다. 그렇지만 동시에 2청년부가 제 역할을 하면 할수록 2청년부는 수적으로 줄어들 수밖에 없습니다. 공동체가 건강해서 구성원들이 직장에서 치열하게 살아내고 교제를 통해 하나님 나라를 세우는 비전을 서로 확인하고 교제하며 서로에게 헌신하는 일이 잘 일어나게 되면 결혼을 하고 1청년부로 올라가 버리기 때문입니다.

그래서 2청년부는 이런 이별 아닌 이별(?)을 자주 겪게 됩니다. 감사하게도 2청년부 공동체원들은 지체들을 떠나보낼 때 진심으로 자기 일처럼 기뻐하고 축복해 줍니다. 하나님 안에서 한 가족 됨에 대해 경험하고 있기 때문입니다.

물론 2청년부가 항상 감사로 충만하고 더 성장해가는 좋은 면만 있는 것은 아닙니다. 공동체원들은 때로 불만을 토로합니다. 2청년부는 1청년부에도 못 가고 3청년부에도 못 어울리는 어중간한 청년들을 모아놓은 것이 아니냐고요. 물론 어떤 관점에서는 그 말이 맞습니다.

2청년부가 어떤 상황인가에 대해 정적인 관점, 멈춰 있는 시점에서 보면 2청년부는 대학생처럼 패기 넘치지도 않고 그렇다고 결혼한 청년들처럼 안정되지도 않습니다. 하지만 거꾸로 말하면 2청년부는 아직 신앙과 삶을 치열하게 살아낸 경험이 부족하고, 열정은 있지만 지혜는 부족한 대학생 청년 동생들에게 신앙과 삶을 열심히 살아내는 모습을 보여줄 수 있습니다. 또 아직 결혼하고 안정된 삶, 더 치열한 삶의 단계로 들어가지는 못했지만 그렇기 때문에 2청년부는 비교적 여유를 가지고 스스로를 돌아보고 신앙에 열심을 기울일 수도 있습니다.

사실 2청년부의 삶을 바로 옆에서 지켜보는 교역자의 입장에서 물론 2청년부가 신앙에 대한 깊이 있는 신앙을 바탕으로 동생들인 대학생 공동체에게 모범이 되는 치열한 삶을 살아내기가 얼마나 어려운 일인지 알고 있습니다. 저 역시도 그러한 경험을 하고 있기 때문에 더 그렇습니다. 그러나 그렇기 때문에 더욱 2청년부가 포기하지 않고 그런 삶을 살아낼 수 있기를 바랍니다. 그 어려운 일을 해내면서 살아갈 때 2청년부는 누구보다 예수님을 더 열심히 닮아가는 사람들이라고 자부할 수 있게 될 것입니다.

마지막으로 2청년부에 대해 한 가지만 더 나누기 원합니다. 2청년부는 따뜻한 공동체입니다. 비록 과도기에 있고 아직도 삶이 안정되지는 못하지만 그렇기 때문에 다른 지체들의 어려움과 괴로움에 누구보다 더 잘 공감해 주고 함께 해 줄 수 있습니다. 그런 따뜻함이 2청년부에는 있습니다. 그리고 2청년부에는 앞으로 그런 따뜻함이 더욱 충만해져 갈 것입니다.

## 청년2부 사랑공동체

# 참된 복음의 기쁨과 한 영혼을 섬기는 감격!

### 나영선 청년

제가 이 자리에 있기까지 사랑이꽃피는교회를 통해 받은 은혜를 잠시 나누고자 합니다. 저는 18년 전 2005년 3월 대구대학교에 입학하며 처음 경산으로 오게 됐습니다. 타지에서 온 여느 청년들과 다를 바 없이 새로운 대학 생활이 신기하기만 하였고, 신앙생활보다는 대학의 새로운 문화에 관심이 많았습니다. 예배 마치면 다른 약속을 잡기에 바빴습니다.

우연한 기회에 같은 과 선배였던 정미진 사모님의 소개로 처음 사랑이꽃피는교회에 발을 들이게 됐습니다. 교회에 차를 타고 가야 한다는 심리적 부담과 막상 차를 타고 가보니 시골 한가운데 서 있는 교회를 보고 있자니 '아! 이곳은 내가 오래 있을 곳은 아니구나!'라는 생각이 들었습니다. 하지만 겉으로 보는 교회의 이미지는 저의 편견에 불과

하다는 것을 깨닫는 데는 그리 오랜 시간이 걸리지 않았습니다. 진지하고, 열정적으로 드려지는 예배, 목사님의 열정적이고 뜨거운 설교 그리고 그 이후에 혼자 어색해할 틈도 없이 초면인데도 타지에서 왔냐며 잘 왔다고 반갑게 맞이해주시는 교회 어른들, 살뜰하게 챙겨주시는 도우미 정미진 사모님의 섬김을 통해 사랑이꽃피는교회가 조금씩 스며들어왔습니다.

　타지에서 와서 아무도 모르던 시절, 교회에 잘 왔다며 대구대 정문에서 고기를 사주셨던 홍성국 형님, 첫 목장모임 불편해할까 살뜰히 챙겨주시던 서지철 집사님, '교회 임직식이 있다. 교회 누가 결혼한단다. 맛난 밥 먹으러 교회 와라.' 때마다 연락해주시며 챙겨주시는 서은성 집사님, 칠성시장 가는데 같이 가자며 시장 구경도 시켜주시고, 맛난 보리밥도 사주신 도정호 장로님, 밤에 종종 '평사분식에 놀러 왔다 먹으러 나와라.' 불러내어 배불리 먹여주시는 목사님과 여러 청년부 형님, 누님들 덕분에 예수님의 사랑을 느낄 수 있었습니다.

　주일 아침마다 파란 봉고 트럭으로, 때로는 하얀 승용차로 태우러 와주신 서영수 장로님, 박지은 집사님, 서은경 누나를 통해 예수님처럼 섬기는 것이 어떤 것인지를 배울 수 있었습니다. 때로는 연약한 모습들로 인해 실수하거나 넘어질 때, 진로를 향해 나아가다 뜻대로 되지 않아 낙심해 있을 때 '괜찮다. 그럴 수 있다'라며 따뜻하게 보듬어주시고, 끊임없이 용납해주시고, 기다려주시는 목사님과 교회의 수많은 믿음의 선배들을 통해 기다려주는 것과 용납을 배우게 됐습니다. 무엇보다도 사랑이꽃피는교회를 통해 받은 가장 큰 은혜는 보잘것없고, 죄인 되었던 저에게 참된 복음의 기쁨을 알게 하시고, 한 영혼을 섬기는 감격을 알게 하신 것입니다.

18년 전만 해도 함께하는 목장 식구들과 주일 말씀을 나누고 삶을 나누며 눈물로 기도로 한 주를 치열하게 살아낸 이야기를 하게 될 것이라고는 상상도 하지 못했습니다. 먼저 삶을 나눠주시며 좋은 목자의 본을 보여주신 서지철, 서은성, 석상일, 하정욱 집사님을 통해 어떻게 믿음으로 살아내며 목장원을 어떻게 사랑하고 섬기는지를 배웠습니다. 또한, 평사분식에서 떡볶이, 순대를 먹으면서도, 추운 겨울날 작은 학사 방에서 이불 하나 덮어놓고 옹기종기 앉아 있는 그곳에서도, 행복 모임 시작한다며 빌렸던 강의실 안에서도 하나님 나라에 대해, 사랑이꽃피는교회와 청년부를 향한 비전을 끊임없이 말씀하시는 구빈건 목사님을 통해 하나님 나라를 배웠습니다. 그때는 그런 일이 있을 수 있을까? 생각했던 일들이 시간이 지나며 하나씩 이곳에서 펼쳐지는 것을 보며 하나님 나라를 어떻게 담대하게 바라보고 세워가는 것인지를 배웠습니다.

이 외에도 지면 관계상 더 나눌 수 없는 믿음의 선배들의 수많은 감사와 은혜의 시간 덕분에 지금의 제가 이 자리에 있게 됐습니다.

돌이켜 생각해보니 지금의 제가 있기까지 좋은 본을 보여주신 수많은 믿음의 선배들과 이들을 만날 수 있도록 사랑이꽃피는교회로 인도해주신 하나님께 감사드립니다. 저도 누군가에게 부끄럽지 않은 좋은 본을 보이는 한 사람으로 살아내도록 더욱 노력하겠습니다. 제가 받은 은혜가 우리의 믿음의 후배들에게도, 우리의 다음 세대에게도 잘 흘러갈 수 있도록 전수하는 좋은 통로로 살아내겠습니다.

## 청년3부 온유공동체

# "우리는 모두 누군가의 선배이다"

### 구예찬 전도사

제가 함께 동역하고 있는 청년3부 온유공동체는 대학교를 졸업한 취업 준비생들과 갓 취업한 사회 초년생들로 이루어져 있습니다. 나이대로 구분하자면 24세에서 29세 사이에 있는 친구들입니다. 우리 공동체의 특징은 '익숙함'인 듯합니다. 익숙함은 참 좋은 면이 많습니다. 우리 공동체 친구들은 함께 살아가는 것이 익숙합니다. 그래서 늘 같이 먹고 놀면서 시간 보내는 것을 정말 좋아합니다. 그리고 우리 공동체 친구들은 교회에 헌신하는 것에도 정말 익숙합니다. 교회에서 이미 다들 교사로, 차량 운행으로, 찬양팀으로 사역하고 있고 다들 각 팀에서 헌신도가 높은 편에 속합니다. 그리고 급한 일이 생겨서 도움을 요청해도 흔쾌히 달려와 주는 친구들이 많습니다.

그런데 한편 익숙함은 때로 무뎌짐이나 매너리즘의 형태를 보이기도 하는 것이 사실입니다. 이미 대학 시절에 대부분 시간을 교회 사역에 동참했기 때문에 교회 일이라면 익숙하지만 예전 같은 큰 기쁨은 없는 듯 느껴지기도 합니다, 주일 공예배, 평일 기도회 등에서 설교도 너무 많이 들었고, 각종 교육 프로그램도 이미 다 이수했기 때문에 더 이상 뭔가를 열심히 배우려는 태도를 취하지 않기도 합니다.

그래서 저는 이렇게 사랑이꽃피는교회 청년부 생활에 익숙해져 버린 친구들과 함께 우리 신앙과 삶의 다음 단계를 찾아보고 함께 나아가 보려고 힘쓰고 있습니다.

우리가 설교를 통해 듣고 성경 통독을 통해 알게 된 하나님을 아는 지식을 신앙 고백서와 교리문답을 함께 읽으며 정리하고 있습니다.

청년 때의 최대 관심사이자 실제로 제일 중요한 문제인 결혼과 소명에 대해 성경적인 가르침을 알려주는 책들을 함께 읽어나가고 있습니다. 또한 이제는 단지 교제와 사역에서 느꼈던 재미를 다시 회복하기보다는 교제의 깊이를 더하고 사역의 진지함을 회복해서 다른 종류의 기쁨을 찾도록 하고 있습니다.

우리 삶에 대학 시절보다 더 깊어진 삶의 문제들을 품고 함께 기도하며 우리는 더 깊은 영적 교제를 누립니다. 이전에 흘러가듯 말씀을 듣고 별 뜻 없이 했던 나눔들이 어떤 의미였고 우리 신앙을 어떻게 든든하게 붙들어 주는지 정리하며 다집니다. 예전보다 훨씬 덜 모여 놀고 MT나 단체 프로그램을 덜 해도, 언제든지 집중적으로 서로의 삶을 깊이 나눌 수 있고 몇 마디 말만 나누어도 서로의 사랑을 느낍니다. 그리고 우리를 자신들의 인생의 다음 모습으로 바라볼 후배들을 인식하며 우리의 실력과 영성을 더 성숙시키기 위해 애씁니다.

우리 공동체의 이름처럼 우리는 온유한 사람들이 되고 싶습니다. 야생 동물처럼 아무것도 모르는 망아지처럼 좌충우돌하던 우리의 대학 생활이 지나고 이제는 하나님의 뜻에 잘 길들여진 선배의 모습을 보여주고 싶습니다. 익숙한 사람들 말고 길들여진 사람들이 되고 싶습니다. 그래서 동생들이 우리를 볼 때 자신들의 신앙생활과 교회 생활에 대해 다음 단계가 없는 허무함을 느끼지 않길 바랍니다. 오히려 더 멋있어진 선배들을 보며 우리를 온전하게 빚어가시는 하나님을 기대하며 이 길을 함께 걸었으면 좋겠습니다. 그러기 위해 우리는 오늘도 일상을 살아낼 실력과 영성을 훈련합니다. 우리의 부족한 애씀을 하나님께서 은혜로 덮어주시기를 소망합니다.

## 청년3부 온유공동체

# 여럿이 함께, 하나님 나라!

### 박주혜 청년

온유공동체는 대학교를 졸업한 23살에서 27살까지 20대 중반의 청년들이 모인 공동체입니다. 온유공동체에 3년간 있으면서 누린 은혜가 수도 없이 많지만 그중 가장 크게 감사로 다가왔던 두 가지를 나눠 보려고 합니다.

첫 번째는 나눔의 분위기가 형성되어 있다는 것입니다.

차가 있는 사람이 많아서 공동체 모임마다 멀리 놀러 갈 수 있는 것도, 대학생 때보다는 여유가 있어서 조금 더 맛있는 음식을 먹을 수 있는 것도 물론 좋았지만 무엇보다 좋았던 것은 깊은 나눔입니다. 대학생 때부터 삶을 나누고 내 안의 문제들을 고백하는 것이 훈련된 사람들이 나눔의 물꼬를 터줄 때가 많았기 때문에 그 분위기 안에서 깊은 나눔이 가능합니다.

나의 어려움에 함께 울어주고, 내 삶의 문제들에 말씀으로 조언해주고, 내 죄를 고백했을 때 함께 기도해주겠다는 공동체가 있었기에 내 인생의 크고 작은 문제들을 더 솔직하게 나눌 수 있었습니다.

졸업과 동시에 찾아온 코로나도, 취업 준비를 하는 과정도, 첫 직장에서 그리스도인으로 살아가는 것도 어느 하나 쉬운 것이 없었지만 공동체가 있었기에 어려운 시기를 잘 보내온 것 같습니다. 제가 정말 사랑하는 예수님을 닮은 공동체를 누리게 하신 하나님 감사합니다.

두 번째는 하나님의 나라를 세워가는데 기쁨으로 동참하는 공동체 식구들이 있다는 것입니다.

자신의 전부를 팔아 하나님 나라를 세우는 공동체 설교를 듣고 '나는 하나님께 드릴 것이 없다'라는 생각이 들어서 속상해서 울었던 기억이 있습니다. 저는 돈도, 뛰어난 노래 실력과 말솜씨도 없지만 내가 정말 귀하게 생각하는 20대의 시간을 하나님께 드릴 수 있음에 감사합니다. 시간의 십일조를 드릴 수 있음에 감사합니다.

섬긴 지 3년이 된 평일기도회 찬양팀도, 이제 막 시작한 그룹홈 사역과 방송팀 사역도 여전히 하루의 힐링입니다. 하나님 나라를 세워가는 일에 저의 시간이 사용됨이 영광입니다. 아마 혼자서 했다면 금방 지쳐버렸을 것입니다.

"너는 청년의 때에 너의 창조주를 기억하라"라는 말씀대로 교회의 다양한 사역들로, 목장 모임으로, 공동체 모임으로, 시간을 내어 동참해 주는 공동체 식구들이 있음에 감사합니다. 그리고 이렇게 느끼게까지 함께하자고 독려해 준 공동체 식구들도 감사합니다. 더 많은 사람이 이 기쁨을 누렸으면 좋겠기에 저도 독려하겠습니다. 하나님 나라를 세워가는 일에 함께해주세요!

마지막으로 기도 제목 나누려고 합니다.

온유공동체는 어느 정도 신앙생활을 해봤기에 익숙하고, 현실에서의 삶은 바쁘다는 핑계로 자칫 생각 없이 살다 보면, 20대 초반의 뜨거움은 추억으로만 간직한 채 미적지근하게 살아가기 쉽다는 어려움도 있습니다.

성도님들, 온유공동체가 굳어지지 않고 말랑말랑한 신앙을 가지고 성령 충만하여 활력이 넘치는 매일을 살아가도록, 빛이신 예수님이 우리 안에 가득해 그 빛으로 세상을 비추는 삶을 살아갈 수 있도록 기도해주세요.

청년3부 충성공동체

# 하늘의 즐거움을 충성공동체 위에

장진 전도사

2023년 고려신학대학원에 입학하여 청년부 충성공동체의 간사를 맡아서 사역하고 있는 장진입니다. 저는 대학생일 때도 충성공동체에 속해 있었는데 하나님의 은혜로 지금도 동일한 공동체를 섬길 수 있게 됐습니다.

청년부 충성공동체는(대구가톨릭대학교, 경일대학교, 영남대학교, 경북대학교, 계명대학교, 대구한의대학교, 대구보건대학교, 한동대학교 등) 대구대학교를 제외한 모든 대학의 학생들과 일찍이 취업하여 대학생 나이인(대학생 나이지만 일찍이 취업한) 청년들이 모인 공동체입니다.

우리 공동체는 현재 60여 명의 인원, 7개의 목장으로 이루어져 있으며, 각 목장은 대학별로 5~7명의 청년으로 구성되어 있습니다. 19년도까지는 대구가톨릭대학교와 영남대학교 학생들이 주를 이루었지만 20년도부터는 하양과 계명대학교 인근에 학사가 생기면서 다양한 대학교에서 청년들이 모이기 시작했습니다.

우리 공동체 청년 대부분은 타지에서 왔기 때문에 학사에서 지내는 청년이 많습니다, 코로나 사태로 인해 몇 년간 많은 사역이 제한되었음에도 학사와 목장모임을 통해서 공동체를 지켜낼 수 있었습니다. 참 감사하게도, 충성공동체의 많은 대학생이 방학 기간에는 본가에 내려가지 않고 교회에 남아서 이웃과 공동체를 위해 섬기는 일을 마다하지 않습니다. 그 바탕에는 신앙의 선배들을 본받아 사역을 즐겁게 하는 분위기와 많은 성도님의 지원과 기도가 있었습니다.

많은 청년이 교육부서 교사와 찬양과 방송으로 섬기고 있습니다. 주말뿐만 아니라 평일에도 교회에 나와서 방과후수업을 섬기고 독서모임과 다양한 취미활동을 함께하며 즐겁게 신앙생활을 합니다. 그 가운데 목장 리더들은 매번 모여서 공동체에 적응하지 못하고 있는 청년들이나 전도 대상자들을 위해 끊임없이 기도하고 고민하며 사역합니다. 목장 리더라고 해도 대학교 3, 4학년의 어린 청년들입니다.

제가 이 목장 리더들과 함께 교제하고 묵상하고 기도하는 중에 하나님께서 늘 저에게 주셨던 마음은 바로 '즐거움'이었습니다. 그리고 하나님께서는 이 즐거움의 원천이 예수님이시라는 것을 기억하게 해주십니다. 예수님을 주라 고백하는 청년들이 모여서 교제하고 서로를 격려하며 위로하는 모습들이 얼마나 저를 즐겁게 하는지 모릅니다. 저는 제게 있는 즐거움을 어떻게 전달할 수 있을까, 청년들이 어떻게 하면 즐거운 마음으로 신앙생활 할 수 있을까를 늘 고민합니다.

충성공동체 목장 리더들과 회의하거나 교제할 때마다 항상 하는 말이 있습니다. 그것은 '하나님이 주시는 즐거움을 빼앗기지 말자'입니다. 청년들이 사역으로 수고하고 시간을 내어 예배와 기도회에 빠짐없이 참석하는 일은 좋은 일이지만 이것에 메이게 되어서 일처럼 느끼거나 부담을 가지면 안 될 것입니다.

저는 청년들이 드리는 예배와 그들이 열심히 섬기는 사역이 그저 일이나 봉사로 머물지 않고, 구원의 기쁨을 누리는 잔치가 되도록 기도하고 있습니다.

우리 공동체는 다양한 대학교 학생들로 이루어져 있기에 학기 중에는 평일에 따로 시간을 내어 전체 공동체의 교제가 어렵습니다. 따라서 학교마다 모임의 리더를 세워서 어느 한 명도 소외되지 않도록 함께 식교제를 하는 시간을 매일 가지도록 독려하고 있습니다.

올해부터는 이 식교제 모임이 자연스럽게 전도 소그룹 모임이 되도록 사역합니다. 전도 대상자들을 초대하고 부담 없이 즐겁게 놀며 예수님을 전하는 분위기가 되는 것이 목표입니다. 마음이 열린 전도 대상자들이 있다면 그들을 초대하여 토요일 저녁에 공동체 단위의 행복모임을 하고, 교회 식당에서 함께 저녁을 차려 먹는 것을 기획하고 있습니다.

이러한 모임과 사역들 가운데 공동체 안에 있는 청년들이 먼저 기쁨을 누리고 우리가 가진 복음의 가치를 먼저 깨닫고 즐거운 신앙생활을 하게 되는 충성공동체 청년들이 되기를 바랍니다.

청년3부 충성공동체

# 목장모임을 통해 세워지는 청년

조하은 청년

저는 20살 당시 교회가 재밌다는 이유로 교회를 다녔습니다. 그러나 저는 목장이라는 곳에서 공동체의 사랑을 처음 느낄 수 있었습니다. 당시 목자가 써주었던 편지에는 "처음 목자를 맡을 때만 해도 반신반의했다. 딱 봐도 일진 여고생처럼 생긴 애가 교회를 꾸준하게 잘 나오려나 하면서 그냥 농담 반 진담 반으로 생존만 해달라고 한 게 엊그제 같은데 이제 벌써 초등부 교사로, 목장 부리더로 잘 섬겨주는 게 너무 감사하고 하나님 은혜가 아닐까 생각한다"라고 했습니다.

"한 아이를 키우려면 온 마을 전체가 필요하다"라는 말처럼 꼭 저하나를 하나님 안에서 바로 세워지기 위해 목장원 전체가 저를 신경 써주고 사랑해줬다는 말과 같다고 느껴졌습니다. 앞서 말한 것처럼 날티 나는 여고생과 다르지 않은 생각을 가지고 살아가던 제가 나의 의지와 능력이 아닌 하나님 한 분께서 그리고 한 명 한 명이 세워지는 것에 감당할 수 없을 정도로 행복해하는 동역자들의 사랑이 저를 변화시킬 수 있었습니다.

말이 마음보다 느려서 처음엔 나눔 하는 것이 힘들었지만 이미 투명하게 진실한 나눔을 행하고 있는 목장원들, 자신의 가장 연약함을 드러내어 낮아지는 법을 알게 했고, 죄를 고백해줄 때마다 목장원들을 더 사랑할 힘을 주셨습니다. 서로 나누며 더 사랑하게 되고, 그제야 저도 나눔을 더 깊고 솔직하게 할 수 있었습니다.

저에게 있어서 공동체는 너무나도 소중한 존재입니다. 방황하는 저를 이끌어주고, 연약한 나의 모습도 있는 그대로 이해하고, 대가 없이 사랑하며 비로소 공동체를 통해 예수님을 보게 하셨고, 하나님을 의지하지 않을 이유를 없게 했습니다.

22살엔 새로운 목장이 꾸려지고 다른 목장과 합체하면서 너무나도 다른 우리가 한 목장을 이루게 됐습니다. 나와 맞지 않을 것 같다는 생각과 진심으로 사랑하지 못할 것 같다는 생각이 들었습니다. 그러나 하나님께서는 너무나도 다른 우리의 모습도 서로 사랑하게 하시기 위해 우리를 만나게 하셨습니다.

처음엔 결속력도 없고 개인적인 성향도 강해서 더욱 서로를 사랑하는 것이 힘들었습니다. 서로의 진심과 마음을 나누고 서로를 위해 눈물로 기도하고, 개인적인 성향이 강한 자신을 꺾으며 하나님의 사랑으로 무섭도록 빠르게 하나가 되어가고 있었습니다. 무섭게만 느껴졌던 목자의 권면이 진실한 사랑의 표현임을 알게 하셨습니다. 또 서로 다름을 이해하게 하셨고, 목장의 아픔을 우리의 아픔으로 아파할 수 있었습니다.

우리 안에 하나님이 없었고 또 하나님이 아니셨다면 할 수 없는 일이었음을 너무나도 다른 우리를 통해 느끼게 하셨습니다. 그렇게 저는 재미로 다니던 교회가 하나님께로 돌아가는 길이 되었고 돌아온 한 영혼이 됐습니다.

제가 이 교회에서 보낸 5년간 하나님의 계획이 얼마나 놀라운지 알 수 있었습니다. 우유부단해서 어떤 것도 끝까지 하지 못하는 제가 5년 전 하나님을 만나고 5년이 지난 지금도 꾸준히 하나님을 믿을 수 있었습니다. 저 하나로도 하나님의 능력을 보게 하셨습니다.

하나님께서 부족한 저를 바꾸시고, 부족한 저를 쓰셨습니다. 때론 넘어지고, 방황하고, 뒤돌아볼 때도 많지만 서로의 연약함도 사랑하며 함께 손잡고 걸어가 주는 공동체 덕분에 하나님 안에서 더 누리며 성장할 수 있었습니다.

코로나가 낳은 최고의 수혜가 있다면 '제가 교회에 정착하게 된 게 아닐까!' 그 당시엔 힘들었던 코로나를 감사하게 됐습니다. 코로나라는 상황은 하나님을 믿지 못할 이유가 되지 못하며, 코로나라는 것이 감사로 여겨질 수 있음을 통해 어떤 상황도 감사하지 못할 이유가 되지 못함을 깨달으며 이 모든 것이 하나님의 은혜임을 기억하겠습니다. 또 건강한 공동체를 통해 하나님의 사랑도 알게 하신 은혜를 기억하겠습니다.

# 화평을 누리고, 화평을 전하는 대구대공동체

윤희준 간사

 

 

화평공동체는 모든 공동체 중 유일하게 '대구대학교 재학생'이라는 공통된 소속을 가진 공동체입니다. 대구대학교는 지리적으로도 교회와 가장 가까이 있으며, 구빈건 목사님께서 청년 부흥을 위해 가장 먼저, 가장 많이 기도하고 사역에 힘쓰셨던 캠퍼스입니다. 많은 선배가 대구대학교를 졸업하고 지금도 열심히 직장에서 복음으로 살아가고, 아이도 낳으며 행복한 가정으로 믿음의 행보를 이어나가고 있고, 지금도 수많은 대구대학교 학생이 학사 생활과 교회 사역에 힘쓰고 있습니다. 현재 남학생들로 구성된 세 목장, 여학생들로 구성된 세 목장으로 총 여섯 개의 목장이 있으며 같은 나이대와 같은 단과대학 위주로 묶여 있습니다.

다른 공동체는 평소에는 자신의 생업에 종사하다가 예배나 교회

모임, 사역 등이 있을 때만 함께할 수밖에 없지만 화평공동체는 다 같은 학교 소속이다 보니 평일 낮에도 언제든 캠퍼스에서, 학교 앞에서 만나 교제할 수 있는 큰 장점이 있습니다. 이러한 특성 때문에 가장 크게 활성화되어 있는 모임이 바로 '햇광' 식교제 모임입니다. 햇광은 대구대학교 내에 자리 잡은 '햇살광장'의 줄임말로, 햇살광장에 모여 다 같이 점심을 먹으러 가는 것으로 출발했습니다. 지금은 햇살광장에서 모이지는 않지만 매일 담당자를 정하여 점심 식사 모임을 열고 함께 식사하며, 친구들도 초대해서 전도의 기회로 삼는 아주 귀중한 모임을 하고 있습니다. 또한 교회의 여러 선배가 익명의 후원으로 후식과 음료수를 제공해 주시며 믿음으로 살아가는 대학생들을 응원해 주시고 계십니다.

23년 1학기부터 커피트럭 전도를 시작했습니다. 일주일에 한 번 점심시간에 학교 정문 앞에 얼음, 커피 원액, 음료 재료들을 설치해놓고 지나가는 대구대학교 학생들에게 무료로 음료를 나누어주고 교회 정보가 담겨있는 명함을 건네주며 간단하게 교회 소개를 하고 기회가 되면 연락처를 주고받으며 전도의 기회를 만들고 있습니다. 한 번에 약 75잔 정도의 음료를 나누어주는데 놀랍게도 많은 학생이 매번 길게 줄을 서서 음료를 받아 가고 있습니다.

화평공동체는 학기마다, 방학마다 함께 MT를 가고 있습니다. 청년의 때에 정말 대학생들만이 누릴 수 있는 추억과 젊음을 하나님 안에서 믿음의 지체들과 함께 누리고 다른 사람들에게 복음을 전하는 방법을 훈련하고 즐거이 누리고 있습니다.

"너는 청년의 때에 너의 창조주를 기억하라…"(전 12:1).

성인이 되었지만 아직은 주어진 상황이나 관계의 어려움에 너무나 쉽게 흔들리고 진로와 연애 등 이런저런 고민도 정말 많은 대학생이지만 넘어져도 끊임없이 다시 일어나고, 매일 믿음으로 결정하고 살아가는 훈련을 해나가며, 젊은 날에 하나님을 더욱 힘써 알고, 더욱더 하나님 안에서 성숙해지기 위해 노력하는 대구대학교 학생들입니다. 선배들로부터 내려온 신앙의 전수를 계속 물려받아 믿음의 명문대학교, 사랑이꽃피는교회 청년부흥의 전초기지, 복음의 핵심 코어의 역할을 하는 대구대학교가 되기를 소망합니다.

청년3부 화평공동체

# 대구대학교에서 만난 진짜 평안

장성훈 청년

저는 스무 살에 처음으로 교회에 왔습니다. 처음 대학교 오리엔테이션 날 학교에 늦게 도착했는데 학과에서는 아무런 공지도 올라오지 않아 길을 헤매고 있었습니다. 그때 찬솔 형과 기호 형이 먼저 '어디 가고 있냐'고 말을 걸어 주셔서 마침 같은 학과였던 기호 형을 따라 어디로 가야 하는지를 알았고, 강의실까지 데려다주면서 이런저런 얘기를 하고 번호교환도 하며 잘 도착할 수 있었습니다.

학교에 다니던 중 며칠 후 찬솔 형이 같이 저녁을 먹자고 하셨고 그 당시 학교에 친한 사람 만들어서 나쁠 게 없을 것 같다는 생각으로 좋다고 했습니다. 같이 저녁을 먹으며 이런저런 이야기를 하였고 그중 교회 이야기도 많이 했습니다.

중학교 때 다닌 학교가 기독교 학교여서 교회에 대해 부정적인 생각도 없었고, 본인은 교회에 왜 다니고 있는지와 공동체에 대해서 들을 수 있었습니다. 그 이후로 점심마다 하는 대구대학교 햇광이나, 행복모임 등 여러 프로그램에 같이 참여했습니다. 그리고 주일에 교회도 놀러 오라고 해서 어떤 곳인지 궁금한 마음에 교회에 갔습니다. 교회의 많은 분이 먼저 인사해 주시고 말 걸어 주시고 환영해 주셔서 처음으로 교회공동체의 사랑을 볼 수 있었습니다.

그날 설교 시간 내용이 나의 삶에 평안 주시는 예수님이라는 내용이었습니다. 중학교 때 의무적으로 하는 예배 시간에는 항상 잠을 자거나 친구와 얘기하면서 한 번도 들어본 적이 없었는데 그날 처음으로 설교가 들렸고 주님께서 평안 주신다는 것이 어떤 것인지 알 수 있었습니다. 그날부터 사랑이꽃피는교회에 다니기 시작했습니다.

그렇게 3년 동안 교회를 다니며 공동체 안에서의 교제를 누리며 살아오다 문득 교회에 다니고 있는 것에 대해 의문이 들었습니다. 교회를 다니고 있는 중에도 아직 힘든 일이 있을 때 주님에 대한 생각과 기도해야겠다는 생각이 하나도 들지 않았고 주님께 의지하는 것이 아닌 나 혼자 스스로 해결하고 주님보다 나 자신과 술을 더 의지하는 삶이었습니다. '이런 삶을 사는 나는 왜 주님을 믿는가? 이게 그리스도인이 맞는가? 진짜 주님은 존재하는 것인가?'라는 의문이 있었습니다. 그날 저녁기도회에서 마지막으로 물어보자 하는 심정으로 기도했습니다. '진짜 주님께서 존재하신다면 있다는 것을 보여달라고, 일하심을 보여달라고, 내가 믿어야 하는 이유를 보여달라'고 기도했습니다. 다음 날 기도 응답으로 목사님이 갑자기 목자를 맡아달라는 얘기를 해 주셨습니다. 그때 주님께서 진짜 존재하신다는 것을 느꼈습니다. 주께서 나를 사랑하셔서 죄 속에서 사는 나를 놓지 않으시고 구원해 주시는 구나! 나만 붙잡고 있다면 주님께서 항상 옆에 계신다는 것을 느꼈습니다. 그리고 목자를 시키심으로 이제껏 듣고 싶은 데로 들었던 말씀을 듣게 하셨습니다. 그때부터 목장원들에게 부끄럽지 않도록 내가 주를 못 박지 않도록 더 말씀을 묵상하고 교회에서 하는 사역들에도 모두 참여했습니다.

그러다 쿰캠프에 신청하라는 공지가 올라왔습니다. 이번 여름 사역이 많아서 하나 정도는 쉬고 싶은 마음이 들어서 갈지 말지 고민하다 목장원이 한 명이라도 가면 가겠다고 기도하고 하민이에게 연락하니 하민이가 간다고 하기에 같이 가자 하고 캠프에 참여했습니다.

처음 갔을 때는 별생각 없이 갔었는데 막상 가니 모든 것이 너무 은혜로웠습니다. 기도회마다 주시는 말씀은 내 죄들을 다시 돌아보고 회개할 수 있게 해 주었습니다. 조 모임때에도 처음 보는 사람들이 모였는데도 전부 깊이 나누어 줘서 더 깊은 나눔을 할 수 있었습니다. 주를 위해 기꺼이 모든 것을 내려놓고 복음을 전하는 사람들을 보며 항상 내 모든 것을 내려놓는다고 기도해 놓고도 아직 아무것도 내려놓지 못하는 삶을 다시 돌아보았습니다. 내 생각에서 나오는 걱정과 두려움 모두 주께 온전히 맡기고 주께서 나에게 주신 은혜와 기쁨을 아직 주를 만나지 못한 다른 사람들에게도 전하고 싶었습니다.

캠프에서 돌아와 며칠 후 교회에서 지역 전도를 나갔는데 저는 아직 두려움에 사로잡혀 있었습니다. '물티슈 나눠주라'는 얘기에 '복음이 전해질까?' 라는 걱정보다 힘들게 거절당하지 않고 나눠 주기만 하면 된다는 안도가 먼저 나왔습니다. 물티슈를 나누어 주며 첫날은 그저 나눠 주는 것에만 집중하면서 뭐 하는 건지 궁금해하는 사람들에게만 간단하게 어떤 교회인지 소개해 주었습니다. 그러다 보니 정작 얘기해야 하는 복음은 전하지 못했습니다. 그렇게 물티슈를 퍼주다 보니 2일 만에 물티슈는 거의 다 떨어져서 마지막 날은 주님께서 함께하신다는 믿음으로 생전 처음 보는 4영리를 들고 나갔습니다.

처음 4영리를 보면서 '과연 들어주는 사람이 있을까?'라는 마음으로 갔지만 뭐 하는 건지 궁금해하는 분도 있었고 4영리는 아니더라도 주님과 함께하는 삶을 얘기하며 내가 주를 믿고 의지하는 이유를 얘기해 드릴 수 있었습니다.

그분들이 다 교회를 나오지 않더라도 이번 경험을 통해 얻은 전도의 경험을 이제 내 주변 믿지 않는 가족들과 친구들에게 내 변화를 통해 복음이 전해질 수 있도록… 모든 행동과 생각을 말씀 안에서 행할 수 있도록 더 말씀을 읽어야겠다고 생각했고, 내 생각에서 나오는 걱정과 두려움 내려놓고 복음을 얘기해야겠다고 생각했습니다.

# 좌충우돌 학사 정착기

### 허유미 청년

여학사를 처음 들어오게 된 계기는 고등학교 반 친구가 같이 들어가자는 연락 한 통이었습니다. 그 말에 흔쾌히 수락할 수 있었던 것은 제 안에 나름의 공동체 생활에 자신이 있었기 때문입니다. 어릴 때 가족들과 한방을 쓰고, 언니들과도 늘 한 방을 사용하였던 것, 고등학교도 기숙사에서 보내면서 여러 사람과 사는 것이 익숙하기에 여학사도 그렇게 쉽게 생각하고 들어왔던 것 같습니다. 하지만 여학사는 제 생각보다 쉽지 않았습니다.

첫 룸메였던 언니가 정말 많이 챙겨주고 잘 대해주었는데도, 공간상으로 원룸 안에서 두 사람의 짐을 배려하며 수납한다는 것, 화장실과 주방과 세탁기 등 서로 시간을 배려해 사용하고, 각자의 삶의 패턴이 다른데도 같은 공간에서 같이 자고 일어나며, 아무리 숨기려 해도 서로 무엇을 하는지 숨길 수 없기에 아무리 배려한다 해도 서로에게 영향을 줄 수밖에 없는 여학사가 생각보다 힘들게 다가왔습니다.

학사에 들어와서 처음에는 여러 가지 의구심을 가졌습니다.

첫 번째는 환영해주는 학사원들이었습니다.

남·여학사 모두가 새 친구만 오면 축제처럼 반겨주는 분위기였습니다. 심지어 지역도 달라 얼굴도 본 적 없는 나를 누군지 알고 나라는 한 사람으로 이렇게 좋아해 줄까? 내가 오는 것이 무엇이기에 모든 학사원이 밤에 시간을 내서 모여주고, 나를 기대하고 인사 내내 웃는 얼굴로 기뻐하는 것일까? 하는 생각을 했습니다.

두 번째는 방모임이었습니다.

여학사 초반에는 수요일과 토요일마다 방모임으로 한 방에 모였습니다. 수요일은 다들 웃고 즐기며 노는 방모임이었고, 토요일은 일주일의 각자 삶을 나누는 방모임이었습니다. 지금은 그 방모임이 없이 여학사를 설명할 수 없게 되었는데, 그 당시는 매주 놀다가도 방모임 시간만 되면 와야 한다는 것이 괜히 힘들었습니다. 그러나 언니들을 늘 빠지지 않고 방모임에 와있었습니다.

그러면서 더 충격적이었던 것은 빈 종이 한 장과 펜 하나를 주는데도 방모임 내내 웃으며 기뻐하며 그 방모임을 매주 기대하는 언니들이었습니다. 솔직히 그때는 '안 웃긴 데 왜 웃지…?'라는 생각을 했습니다. 그러다가도 토요일이 나눔 방모임이 되면 자신의 일주일과 생각과 마음 속내를 자연스럽게 나누었습니다. 특히 자신의 죄를 고백하며 우는 언니들과 그 죄를 듣고 답을 내어 주는 게 아니라 같이 기도해주며 같이 울어주는 여학사 언니들의 분위기란 정말 충격 그 자체여서 내가 듣고 있어도 되나 싶었습니다. 왜냐면 저는 늘 나의 고민을 가족처럼 믿을만해야 말할 수 있다고 생각했습니다. 그리고 '이런 말을 했을 때 나를 어떻게 생각할까?' 하는 생각하다 보니 나누기가 어려웠습니다.

그러나 별거 아닌 것 같은 매주의 나눔 방모임이 여학사를 하나로 만들어주며, 각자의 삶에 늘 함께하시는 하나님을 경험하는 방모임이 됐습니다. 서로의 죄와 일주일의 삶과 말씀으로 살아가고자 하는 몸부림이 오히려 서로 말씀으로 살아갈 격려가 되어 펑펑 울다가 힘내서 살게 만듭니다.

그 방모임이 우리를 예수 그리스도라는 하나의 공통점을 알게 하시니 모이면 이상하게 너무 기쁨을 느낍니다. 아무것도 안 해도 기쁘게 하는 방모임이라 방모임은 안 오면 손해라 할 만큼 지금도 여학사원들이 매주 기대하는 날이 됩니다.


세 번째는 채워주는 교회 공동체였습니다.

여학사라는 이유 하나로 많은 것들을 받았던 것 같습니다. 코로나가 시작되었을 때 마스크와 손 소독제를 구하기 어려웠던 시기에 여학사에게 마스크와 손 소독제를 사주시던 부부 집사님, 생각났다며 쌀 20kg을 사서 여학사로 들고 와 주셨던 언니 오빠, 라면 몇 상자씩 학사 전체에 돌려주신 집사님, 계절마다 제철 과일을 나눠주시고, 사주시는 어른들, 분기마다 학사생들 고기 먹으라고 고기를 주시는 장로님,

겨울만 되면 김치를 담가서 주시는 권사님들 등 많은 공동체 분들 덕에 늘 배불리 먹고, 채움을 받으며 사는 학사가 되게 하셨습니다. 놀랍게도 이렇게 해주시는 삶을 통해 여학사가 배우는 것은 작은 것에 기도해 볼 줄 아는 것이었습니다.

저희가 살면서 언제 먹을 것이 없어서 기도해보고, 그 기도 응답을 공동체 안에서 받으며 하나님을 확신하는 삶을 살 수 있을까요? 또한 먼저 교회 어른들께서 늘 학사에 나눠주시는 삶을 보여주셔서 저희 학사 친구들이 나누는 것을 배울 수 있었습니다.

사실 대학생 중 어떤 사람이 타인을 위해 자신의 물건과 자신의 방을 열어주는 사람이 있을까요? 하루든 일주일이든 방이 필요한 친구들이 생기면 불평 불만하지 않고, 자신의 방을 열어 재워주고, 밥 먹는 자리에 초대하며, 과자 하나라도 나누어주는 여학사 원이 되어가는 것을 볼 수 있음에 감사합니다.

그런 멋진 모습들을 보며 자연스럽게 그 삶이 멋지다는 것을 느끼고, 나도 저렇게 살고 싶다는 생각을 들게 합니다. 그러나 그렇게 살고 싶은 마음은 늘 크지만 생각보다 살아내는 것은 너무나도 어려웠습니다. 동생으로만 있을 때는 몰랐는데 언니가 되고 방장이 되어 첫 동생과 같이 살게 되니 저의 연약함을 너무 많이 마주하게 되었던 것 같습니다.

여학사에서 갈등이 생기는 것이 생각보다 거창한 것이 아니라 쓰레기를 버리는 것, 설거지하는 것, 빨래 돌리는 것, 방 청소하는 것, 아침에 알람 소리, 잠드는 습관 등 그저 너무 유치하다 싶을 만한 것들이었습니다.

'왜 나만 해?', '같이 사는데 왜 안 해?'와 같은 마음이 드는 순간들이 자주 생겨나서 서로 눈치 주게 되고, 작은 것 배려해준 것에 대해 고맙다고 표현하지 못하고 '같이 사는데 당연히 해야지'라고 여기다 보니 점점 서로가 불편해졌습니다. 그러다 정말 부끄럽게도 저는 첫 룸메와 그걸로 몇 번 대화하다가 결국 싸우고 방에서 서로 대화하지 않은 채 한 학기 동안 방을 썼던 적도 있습니다. 또는 룸메와 삶의 패턴이 달라 은근히 스트레스받으며 룸메의 행동 하나까지 미워져 방 바꾸는 날만 기다리던 적도 있었습니다.

지금 와서 생각해보니 왜 그렇게 힘들었을까 생각해보니 특히 집에서의 삶이란 자신의 약하고 부족한 모습을 가장 잘 보여줄 수 있었던 곳이기에 그걸 서로에게 숨길 수 없어서 너무 어려웠던 거 같습니다.

그러던 어느 날 설거지를 며칠째 나만 하는 모습을 보고 속상하다 느낀 적 있었습니다. 가만히 앉아서 있는 것을 보면서 한대 쥐어 박아주고 싶다 느끼며 설거지하는데, 그때 하나님께서 말씀하시는 것 같았습니다. '네가 상대의 성향으로 불편함을 느끼듯 상대도 너의 성향으로 불편함을 느끼고 있을 수 있다. 하지만 저 친구는 참아주고 있지 않니?' 그 생각이 든 순간 이미 같이 있어 주는 것으로도 불편함을 감수해주고 있구나라고 느끼며 미안하고 고마움을 느끼게 됐습니다.

아무리 성격이 좋고 사람이 좋다고 한들 사람의 행동만 보면 결국 사랑하고 감사할 것이 아무것도 없었습니다. 그 후로 저의 눈이 바뀌기를 기도했습니다. 룸메가 기분이 좋지 않아 보이면 그 옆에서 조용히 룸메의 기분이 괜찮아지기를 기도했습니다.

룸메의 행동이 답답하게 여겨지면 그 마음을 가진 것 두고 기도하려 합니다. 그런데도 여전히 실수를 반복하면서 감정적으로 대한 날엔 사과하려고 노력합니다. 그 후로는 늘 작은 것에도 불편함을 감수해주었음을 기억하며, 그때그때 고맙다고 표현하려 노력하게 됐습니다.

요즘 들어 느낍니다. '20살부터 학사에서 나의 모남도 기다려주고 받아주었기에 지금의 삶을 살아가는구나!' 나도 동일하게 학사원들을 받아주는 사람이 되자고 마음먹게 됩니다.

하나님께서 모든 학사원이 불편함을 감수하게 훈련하시므로 기쁨이 되는 모임이 되게 만들어주셨습니다. 결국 우리의 말이 아니라 말씀 안에서 공동체가 하나 되어 살아가고자 하는 그 삶이 여학사의 분위기가 되고, 그 분위기가 지금까지 이어지게 해주시는 하나님께 감사합니다.

우리가 언제 예수의 이름 하나로 함께 살아볼 수 있을까요. 함께 사는 자체가 은혜임을 느끼는 여학사를 만들어준 교회와 모든 학사원에 참 감사합니다.

남학사

# 좌충우돌 학사 정착기

전지수 청년

저는 이 시간 21살 대학교 2학년 때부터, 대학 생활을 마치기까지 계명대(계대) 학사에서 생활하면서 받은 은혜와 사랑을 나누고자 합니다. 사실 저는 이달 말에 훈련소로 떠나게 되어서 이왕 이렇게 된 거 계대 학사에서 있었던 일들을 다 고발하고 도망가야겠다고 생각했지만 성도님들의 충격이 우려되어 차마 담을 수는 없었습니다. 그래서 학사에서 받은 은혜와 학사 이야기를 짧게 나누겠습니다.

저는 계대 학사가 세워지기 전 대학교 1학년 때는 진량에 있는 본가에서 학교까지 왕복 4시간 정도 되는 거리를 통학했습니다. 1년간의 통학 생활에 지쳐 기숙사를 들어갈까 고민을 하던 중 계대 학사가 생긴다는 기쁜 소식이 들려왔습니다. 하지만 이 기쁨도 잠시 같이 살게 될 학사원들을 알게 되니 걱정이 한없이 밀려왔고, 때마침 학사가 생긴 시점부터 코로나가 터져서 학교도 갈 일이 거의 없어졌기에 진이 형과 개성이 강한 동생들과 총 4명이 그야말로 지옥과 같은 학사 생활을 시작하게 됐습니다.

가족을 제외한 다른 누군가와 함께 사는 것이 처음이었던 저는 학사원들의 각기 다른 생활 패턴과 라이프 스타일을 맞춰가는 건 정말 쉽지 않았던 것 같습니다. 먹고 자는 습관이 다른 사람과 함께 살며 상대방을 위해 참고 기다릴 때 밀려오는 답답함에 가끔 명치가 아파올 때도 있었습니다. 물론 이러한 시간을 지난 후 나중에서야 깨닫게 된 것은 다른 학사원들도 저를 보며 느낀 답답함은 마찬가지였을 것이며 또한 다른 누군가를 깊이 사랑할 수 있도록 하나님께서 허락하신 귀한 훈련의 시간이었다는 것입니다.

그렇게 1년의 세월이 지나 계속해서 코로나가 더욱 심해지고, 동생들은 군대와 개인적인 이유로 학사를 떠나게 되면서 대학교 3학년 때부터는 진이 형과 단둘이 1년 정도 살게 됐습니다. 코로나가 극심해서 주일마저 교회를 잘 가지 못하던 두 달 정도의 기간은 다른 이유로 지옥 같았습니다. 밖에 나가는 것은 집 앞 산책과 편의점 정도가 다였고, 밤낮없이 쉬지 않고 계속되는 진이 형의 이야기를 듣는 시간은 정말 유익하고 재미있었지만 피곤할 때는 정말 괴로웠습니다. 새벽에 제 잠을 다 깨워놓고 본인은 천하 태평하게 코를 골며 자는 것을 보면 화가 치밀어 오를 때도 많았습니다.

또한 코로나가 잠잠해질 무렵 진이 형과 함께 있을 때 에피소드인데요. 학사 청소를 오랫동안 하지 않아서 청소할 엄두가 나지 않을 정도로 지내고 있었습니다. 그러던 중 아침 일찍 저에게 전화 한 통이 걸려왔습니다. 구빈건 목사님의 전화였습니다. 일찍 일어난 척 목소리를 가다듬고 "네, 목사님!" 하며 전화를 받자 "어! 지금 계대학사로 가고 있다. 30분 정도 뒤에 도착할 예정이니 준비하고 있어라"라고 들려오는 말은 그 어떤 말보다 저를 떨게 했습니다.

전화를 끊고 옆에 있던 진이 형을 깨웠고 저희 둘은 이 세상 누구보다 빠르게 움직이기 시작했습니다. 청소역할을 약속이라도 한 듯 정말 놀랍게도 30여 분 만에 책상 정리, 바닥 청소, 화장실 청소, 설거지, 분리수거를 마무리하고 심지어 샤워 후 환복까지 했습니다. 하나님께서 게으른 저희를 보시며 답답하셨는지 구 목사님을 보내신 게 분명하다고 생각합니다.

이 밖에도 많은 일을 진이 형과 함께 사는 기간에 경험하며 서로의 삶을 깊이 나눔으로 형제의 사랑을 깊이 느끼고 알게 되었고 저 또한 진심으로 진이 형을 사랑하게 되는 시간이었습니다.

4학년 때는 코로나가 잠잠해지면서 개인적인 이유로 학사를 나갔던 성현이가 다시 학사로 복귀하였고, 신입생 성민이가 계대 학사로 들어오면서 다시 4명에서 살게 됐습니다. '또다시 지옥이 시작되겠구나!' 하였는데 진짜 지옥이었습니다.

4학년 때는 목자를 하면서 목장원인 성현이 성민이가 학사에 함께 살다 보니 동생들에게 너무나도 흠이 많고 부족한 모습들만 보였던 것 같아서 많이 미안하고 부끄럽기도 합니다. 하지만 덕분에 조금이라도 더욱 신앙적으로도, 삶의 모습으로도 본이 되기 위해 하나님을 붙잡고 살기 위해 노력하고 꽤 긴장하며 살았던 것 같습니다. 또한 4학년 때는 계명대학교 캠퍼스를 위해 SFC라는 학생신앙운동 공동체 안에서도 더욱 열심히 하면서 캠퍼스를 위해 기도하고 전도하며 빛과 소금으로 살아내기 위해 부족하지만 발버둥 치던 시간이 있었습니다. 이러한 시간 속에서 지치고 힘들 때가 많았는데 그때마다 학사라는 안식처, 정말 진심으로 의지할 수 있는 학사원들과 함께 시간을 보내며 위로받고 다시 힘을 얻어 학교생활과 학사 생활을 잘해 나갈 수 있었던 것 같습니다.

이 밖에도 학사를 위해 기도와 물질로 섬겨주신 성도님들과 늘 힘든 내색 없이 학사까지 운행해주신 학사 큰형님들, 잊을만하면 계대 학사에 놀러 와서 공동체의 기쁨과 즐거움을 누리게 해준 모든 형제 학사분들, 매주 학사모임으로 모여 하나님이 선물로 주신 공동체를 울고 웃으며 함께 누리고 금요기도회로 모여 우리 교회와 공동체를 위해 기도했던 모든 시간, 이 모든 것이 하나님의 은혜였습니다. 그 어느 것도 하나님의 은혜가 아니었던 것이 없었습니다.

"사랑은 오래 참고 온유하며 시기하지 아니하며 사랑은 자랑하지 아니하며 교만하지 아니하며 무례히 행하지 아니하며 자기의 유익을 구하지 아니하며 성내지 아니하며 악한 것을 생각하지 아니하며 불의를 기뻐하지 아니하며 진리와 함께 기뻐하고 모든 것을 참으며 모든 것을 견디느니라"(고전 13:4-7). 아멘.

하나님이 주신 학사라는 이 사랑의 공동체 덕분에 하나님이 말씀하신 그 사랑을 배우고 경험하고 살아낼 수 있었습니다. 학사에서 배운 이 사랑을 잘 실천하고 이웃을 위해 나눌 수 있는 성숙한 하나님 자녀가 될 수 있도록 기도해주세요.

"
사랑이꽃피는교회는
한 아이의 교육을 위해 교회 전체가 헌신하는 공동체입니다.
"

# 3부

# 자녀들이
# 꽃피는 교회

# 영아부

## 아이와 엄마가 함께 꽃피는 영아부

이소영 전도사

이전의 사역 경력이 짧지 않음에도 불구하고 영아부는 처음이었습니다. 심지어 영아부를 신설해야 했습니다. 저도 교회도 엄마도 아기도 모두 다 처음이었습니다.

처음 영아부를 맡게 되면서 도대체 영아부에서 무엇을 하나? 고민이 깊었습니다. 수개월 강의를 듣기도 했고, 선배 전도사님들이 사역하는 교회를 찾아가기도 했습니다. 아무리 찾고 들어도 속 시원히 답을 찾을 수 없었고, 영아부에서 꼭 해야 할 것이 무엇인지에 대해 꽤 긴 시간 고민한 것 같습니다.

'마땅히 행할 길을 아이에게 가르치라'라는 표어로 2012년 1월 첫 주 영아부 예배가 시작됐습니다. 영아부에서는 말씀을 통해서 먼저 부모를 교육하고, 무엇을 보여주느냐가 매우 중요한 시기인 아이에게는 예배를 심어주는 것이 필수요건이라고 말씀을 전했습니다. 부모가 행복해지고, 믿음으로 서며, 믿음의 부모를 본 아이는 자신이 본 그대로를 배울 수 있는 곳이 바로 영아부라고 소개했습니다.

이때 저는 연년생 아이 세 명을 양육하고 있었습니다. 저 역시 육아의 무게에 짓눌려 허덕이고 있는 시기였기에 '주님 어떻게 할까요?'라는 질문을 입에 달고 지냈습니다. 저 자신도 자녀를 어떻게 말씀대로 양육해야 할지 갈팡질팡하고 있어서 영아부 엄마들에게 함께 배워가자고 말했습니다.

그러나 실제는 달랐습니다. 아이들로 인해 지치고 힘들 때면 내 감정이 먼저 앞서고, 지친 육체로 인해 아이들을 말씀으로 교육하는 시간보다는 부족한 잠을 보충하는 시간이 내게 더 필요했습니다. 저조차도 아이들을 말씀으로 양육하는 일이 어려웠습니다.

뒤돌아보니 그렇게 실패를 거듭하다 주일이면 또다시 영아부 엄마들에게 말씀을 전해야 한다는 부담감이 크게 다가왔습니다. 연말이 다가오면 담임목사님을 찾아가 영아부 사역을 못 하겠노라 투정 부렸던 일도 많았습니다.

예배 중에 아기들이 하나, 둘 울기 시작하면 당황한 나머지 흔들리는 눈동자와 함께 시선을 어디 둘지 몰라 나도 같이 따라 울고 싶을 때도 있었습니다. 그럴 때마다 마음을 다잡고 다시금 일어설 수 있었던 것은 똘망똘망한 눈으로 엄마 품에 안겨 빤히 쳐다보는 아기들이 있었고, 주일 아침 바쁘게 짐 챙기고 아이 챙겨 영아부 예배의 자리에 나오려고 몸부림치는 엄마들이 있었기 때문입니다.

우리 아기와 엄마들에게 정말 좋은 것으로, 정말 귀한 것으로, 정말 힘이 되는 것으로 채워주고 싶었습니다.

그렇게 매년 주제를 정하고 성경에 나온 인물과 가정들을 소개하기도 하고, 성품을 교육하기도 하고, 신앙의 기본 고백인 사도신경과 주기도문 그리고 십계명, 산상수훈을 나누기도 하고, 부모교육, 밥상머리 교육을 하기도 했습니다.

지금도 기억에 남는 것은, 영아부 가정을 대상으로 밥상머리 교육을 할 때 직접 음식을 차리고 함께 모여 식사했던 그때가 떠오릅니다.

그렇게 태어나서부터 3세까지 아이와 엄마가 함께 예배를 드리면서 여러 어려움이 있었는데, 우선 엄마 품에 안긴 갓난아기부터 말하기를 시작하고 걷고 뛰는 아이까지 함께 예배드림이 쉽지 않았습니다. 예배 후 활동을 하려고 해도 성장발달 수준의 차이가 너무 컸기 때문에 적정수준을 유지하는 것이 매우 힘들었습니다.

또한 아기의 컨디션, 가정의 일정, 심지어 날씨 등에 의해 매주 상황을 가늠하기 어려웠습니다. 어떤 주일은 홀로 영아부를 지키기도 하고, 또 어떤 주일은 교사와 단둘이 예배를 드리기도 하며, 또 어떤 주일은 예배 중에 아기들이 한꺼번에 울어서 엄마들이 모두 아기를 안고 나가기도 했습니다.

영아부에 오는 가정은 대부분 믿음 안에 잘 세워진 가정입니다. 부모가 이미 신앙을 가졌으며, 자녀를 말씀으로 잘 양육하고자 하는 의지가 있는 가정들입니다. 특히 우리 교회 부모들은 100점 만점에 200점이 넘는 부모들이었습니다. 이미 너무 잘하고 있는 부모들이 많았기에 그들에게 내가 무언가를 가르치고 권면한다는 것이 오히려 부끄러울 정도였습니다.

가정을 더욱 잘 세우고 아이를 더욱 잘 양육하는 것보다 이제는 눈을 돌려 사랑과 도움의 손길이 필요한 가정들을 돌아보고자 2014년부터 영아부 바자회를 시작했고 수익금은 전액 미혼모와 아기를 위해 사용하기로 했습니다. 꼭 필요한 곳에 지속해서 도움을 줄 수 있는 미혼모 엄마와 아이를 만나길 기도했습니다. 여러 경로를 통해 우리가 기도하고 후원할 엄마를 찾았고, 20대 후반의 엄마와 8개월 된 아이를 돕기로 했습니다. 첫 회 수익금은 50만 원 정도였는데, 그때 아이가 폐렴으로 입원 중이라 수익금은 아이의 병원비로 사용됐습니다.

아기를 키우는 가정에는 다양한 육아용품들이 필요하고, 아기의 성장발달에 따라 육아용품의 사용기한은 매우 짧습니다. 그래서 아나바다 형식의 육아용품 바자회를 열었습니다. 영아부 엄마들에게 물품을 기증받고 부족한 물품은 발품을 팔며 구했습니다. 믿지 않는 이웃들이 선뜻 물건들을 내어 주기도 하고, 바자회에 직접 방문하기도 하며 그렇게 해마다 바자회는 지속했습니다.

해마다 진행된 바자회로 미혼모 가정과 더 나아가 그룹홈 아이들을 후원하며 영아부 바자회는 교회의 큰 행사로 자리 잡게 됐습니다.

# 영아부

## 함께 자라가는 영아부

김윤정 교사

제가 처음 영아부를 만났을 때는 영아부 교사가 아니라 영아부 자녀의 엄마였습니다. 교회에 온 첫날 1층 로비에 들어섰을 때, 전도사님과 안내하는 집사님들이 영아부를 소개해 주셨습니다. 그땐 첫째 지후가 두 살이었고, 뱃속의 둘째가 있었을 때였습니다. 그렇게 시간이 흐르고 영아부 예배를 드리며 셋째까지 낳았습니다.

아이들이 유치부로 간 이후에는 엄마가 아닌 교사로 영아부에 남게 됐습니다. 영아부 교사는 대부분이 누군가의 엄마입니다. 오랜 시간 함께 해준 툰차녹 자매를 제외하고는 대부분이 영아부 졸업생의 엄마였습니다. 저는 선배 엄마라서 육아를 더 잘해서라기보다 영아부에 감사한 마음이 컸기에 교사로 남게 됐습니다.

영아부는 아이들이 어려 외출이 어렵고, 아이들이 자주 아프기도하여 마음이 있어도 꾸준히 참석하기 어렵습니다. 또 다른 교육부서처럼 아이만 영아부에 보낼 수 없어서 영아부 예배를 드린 후 엄마들이 또 다른 예배를 드리려면 어린 자녀와 오랜 시간 교회에 머물러야 하기에 큰 부담이 될 수밖에 없습니다. 그런데도 마음을 내어 영아부 예배에 참석하기 위해 애쓰던 엄마들이 있었고, 여러 고민 가운데서도 영아부 예배의 자리를 지켜준 전도사님과 교사들이 있어서 영아부가 존재할 수 있었습니다.

지금은 예전과 같이 영아부 예배를 따로 드리지 않고 유치부와 함께 영아부 친구들이 예배를 드립니다. 많은 돌봄의 손길이 필요한 아이들이 함께 예배드리기가 쉽지 않을 텐데, 여러 어려움에도 영아부가 지속할 수 있게 고민하고 섬겨주시는 수고의 손길 덕분에 영아부 친구들도, 엄마들도, 예배의 자리에 함께할 수 있습니다.

태어나서 처음 엄마와 함께 드리는 예배 그리고 속하게 되는 또래 공동체를 보며 이 아이들이 믿음으로 자라날 것을 기도하고 기대하고 그려보는 기쁨을 누릴 수 있어 참 복 되고 감사했습니다.

# 기적을 맛보고 기뻐하던 순간!

임평강 전도사

유치부를 맡은 지 3년밖에 안 된 제가 소개해도 될까 싶지만 그동안 사역하며 느낀 것을 중심으로 나누어보겠습니다.

유치부는 언제나 사랑이 넘치는 선생님들과 아이들 그리고 부모님들이 함께합니다. 아이들과 교사, 부모로 이어지는 사역 범위는 단순히 주일에만 국한되는 사역이 아닌 가정예배, 가정신앙훈련으로 이어지는 것을 목표로 합니다.

예배 시간은 11시 30분 또는 15분에 시작했습니다. 그런데 코로나로 인해 주중 만남이 어려웠고 교회 분위기상 다둥이가 많다 보니 아이들을 아침부터 데리고 오는 것이 많이 힘든 것이 현실입니다. 이로 인해 시간을 조금 늦추어서 예배를 시작하되 교사들은 10시 30분까지 일찍 나와서 예배 시작 전까지 관계 맺기를 중점에 두고 함께 교제

했습니다.

　밖에서 축구를 하고 싶어 하는 아이, 피아노를 치고 싶어 하는 아이, 놀이방에서 블록 놀이를 하고 싶은 아이 등 개개인 모두가 자기 생각과 기쁨을 가지고 교회에 나아옵니다. 그런 아이들을 한 명씩, 또는 반별로 함께 섬기고 교제할 때 아이들은 이 선생님들이 나를 사랑하고 있음을 알아 가게 되고 선생님들은 아이들의 사랑스러움으로 더 아이들을 귀히 여기고 섬기는 시간을 보내었습니다.

　여느 아이들이 다 그렇듯 아이들이 자기주장을 꺾지 못하는 순간에 그 아이들을 대할 때에도 선생님들은 지혜롭고 사랑스럽게 그들을 섬기고 또 말씀으로 인내하며 경청하고 지도해 주셨습니다.

　아이들의 나이는 4세부터 7세로 영아부를 넘어선 아이들이 모두 모여서 예배를 드립니다. 연령이 폭이 넓은 만큼 좌충우돌 할 일도 많지만 더 많은 인내와 사랑으로 연단될 수 있었습니다. 4세 때 영아의 끝 단계에서 관계를 처음 맺어가며 처음 마음을 열어주던 순간, 5세의 기적을 맛보고 기뻐하던 순간이나 글도 읽고 의젓해져 버린 6살의 순간, 미운 7살을 처음 경험하던 순간이나, 이때만 가질 수 있는 값진 경험이자 추억을 누릴 수가 있었습니다.

　그렇기에 유치부의 특징 중 하나는 교사가 아주 많다는 것입니다. 아이들을 섬기고 싶어하는 사람들이, 보고 싶어하는 사람들이, 섬김을 시작해야 할 것 같은데 아직 너무 서툴러서 작은 아이들을 보고 싶은 사람들이 아이들을 섬기러 왔습니다.

　모든 선생님이 개개인이 생각하는 하나님 나라 비전을 품고 나아왔는데, 이 많은 연령대의 아이들 또한 개개인의 생활이 있었습니다.

그 주장들을 듣고, 소통하고, 공감하고, 교정하기 위해서는 정말 어머니처럼 아버지처럼 집중적으로 듣고 함께 할 교사들이 많이 필요했습니다.

선생님들이 시간을 들이고 깊이 사랑할수록 아이들의 마음도 열리고 말씀에 순종하기 위해 노력하는 일이 한 번씩 경험되다가 그런 아이들이 점점 많아졌습니다.

깊이 사랑한다는 것은 맹목적인 들어줌과 이해해줌이 아니라 그 개개인의 아이들이 들을 수 있는 만큼 그리고 지금은 이해하지 못하더라도 '성경이 이렇게 말하니', '사랑하는 부모님께서 이렇게 말씀하셨으니 이렇게 한번 지켜볼래?'라는 지도를 하는 것입니다. 그리고 우리가 사랑으로 섬겨 갈 때 또 그 말에 귀 기울이고 순종하는 아이들이 늘어갔습니다.

아이들을 말씀으로 사랑으로 헌신으로 섬기길 원하는 모든 예비 선생님들의 섬김과 부모님들의 관심과 기도를 기대합니다.

## 유치부

# 어린아이들 가운데 임한 하나님 나라

### 백승진 교사

　매 주일 유치부 아이들을 만날 수 있고 함께 예배를 드릴 수 있는 건 너무 큰 축복이고 배움입니다. 선생님들의 사랑과 보살핌을 필요로 하고 의지할 줄 아는 아이들의 마음은 굉장히 넉넉합니다. 작고 서툴고 틀에 고정되어 있지 않은 아이들을 보면 사랑스럽고 놀랍고 안쓰러울 때도 있어 자연적으로 품어주고 챙겨주고 싶은 마음이 생깁니다.

　유치부에 있으면서 이러한 긍휼의 마음의 근원이 아가페 사랑이신 하나님으로부터 창조되었다는 사실과 내 안에서도 살아계신다는 증거에 감격스러움을 깨닫게 되고, 하나님의 나라와 하나님의 형상이 곳곳에 임재하고 나타나는 것을 경험하게 됩니다.

　저는 5년째 유치부에 있지만 지금도 여전히 교사라는 직분은 생각할수록 한없이 높아 보이기만 하고 도저히 교사를 할 자격이 없는데도 하나님께서 세워주셨다는 생각을 합니다. 사랑도 없고 지식도 없고 자주 흔들리는데…. 유치부에서는 소박한 섬김과 헌신도, 그저 아이들을 환영해주고 자리를 채우는 것만 해도 소중히 여겨주십니다. 가진 것이 많고 과격하고 호화로운 것, 남보다 나를 위해 고군분투하고 생산성이 있어야 인정받고 쓰임 받을 수 있는 세상과는 다릅니다.

하나님께서는 세상의 미련한 것들, 약한 것들, 멸시받고 가진 것이 없는 것들을 택하셔서 세상의 강하고 높아진 것들을 부끄럽게 하시고 폐하시는 분이십니다. 하나님 앞에서는 자랑할 육체가 하나도 없다고 하십니다(고전 1:27~29).

종종 세상에서 존재감도 없고 어떤 능력이나 이룬 것 하나 없이 살아가는 내가 가치 없이 느껴질 때가 많습니다. 하나님 나라 교회 공동체 안에서도 내 의와 내 힘으로 말씀을 지켜내고 헌신해서 하나님께 구원과 인정을 받으려 하고 교회를 비관하기도 했던 저였습니다. 그런데 유치부에 있으면서 화려하게 잘 갖추고 무얼 잘하려고 애쓰는 것이 그렇게 중요하지 않다는 것을 알게 됐습니다.

하나님 말씀이 선포되고, 하나님께서 행하신 일들을 찬양하고, 하나님께 기도하는 처소인 주의 몸 된 교회에서 뛰놀고 누리며 배워가는 아이들의 모습 속에서 하나님의 은혜만으로 충분하게 완성된 나라, 또한 하나님께서 손수 이루어 가실 완전한 나라가 있음을 보게 됐습니다.

유치부에 생명 있는 하나님의 말씀을 더욱 쉽게 전해주시고 가르쳐주시는 전도사님을 통해 항상 놓치고 있던 계명의 기초를 다시 배우고 기억하게 되는 것도 정말 감사합니다. 또한 낮은 곳에서 헌신하며 섬기시는 선생님들을 보며 감탄하게 되고 함께 협력하는 기쁨도 맛보게 하시고 더욱 겸손해지게 하십니다.

나 같은 사람을 유치부 교사로 세워주신 하나님께 항상 부끄럽습니다. 그러나 나 같은 사람도 하나님의 나라로 초청해주시고 은혜를 주시는 나의 아버지 하나님과 예수 그리스도를 담대히 의지하여서 앞으로도 계속해서 유치부를 기쁨으로 섬기면서 천국의 비밀을 더욱 배워나가고 싶습니다.


"진실로 너희에게 이르노니 너희가 돌이켜 어린 아이들과 같이 되지 아니하면 결단코 천국에 들어가지 못하리라 그러므로 누구든지 이 어린 아이와 같이 자기를 낮추는 사람이 천국에서 큰 자니라 또 누구든지 내 이름으로 이런 어린 아이 하나를 영접하면 곧 나를 영접함이니 누구든지 나를 믿는 이 작은 자 중 하나를 실족하게 하면 차라리 연자 맷돌이 그 목에 달려서 깊은 바다에 빠뜨려지는 것이 나으니라"(마 18:3~6).

# 유치부

# 오직 사랑으로 세우는 초등1부

### 배성환 전도사

2015년 12월 4일은 제게 매우 특별한 날입니다. 그날은 이곳 사랑이꽃피는교회에 부교역자로 그리고 목회자 후보생으로 훈련을 시작하게 된 날입니다. 하나님 나라의 원리로 공동체가 든든하게 세워져 나가는 지금 이곳에서 현장을 직접 볼 수 있는 은혜를 허락하신 하나님께 감사와 영광을 올려드립니다.

사랑이꽃피는교회에서의 사역은 매우 신나고 유연하게 운영됩니다. 저같이 부족하고 흠 많은 사역자라 할지라도 풍성한 은혜의 사역 열매를 맛볼 수 있는 까닭은 든든하고 기특한 청년들의 자기희생과 섬김이 있기 때문입니다. 또한 모든 것을 내어주시고 허락하시는 공동체 어른들의 귀한 마음이 있기 때문입니다.

초등1부 사역에는 또래의 1청년부 집사님들의 헌신과 수고로 그저 묻어갔던 사역이라 할 수 있습니다. 평소에는 제가 이들에게 바보형입니다. 윤경환, 하세훈 청년에게 이것저것 물어보고 하지만 귀한 동생들은 초등1부 사역에서만큼은 저와 상의해 줍니다. 어쩌면 다방면으로 저보다 탁월한 귀한 동생들은 아이들을 저보다 더 사랑해 줬습니다.

초등1부 사역은 교사의 책임과 헌신을 강조하는 사역이었습니다. 각반의 이름을 사랑반, 평화반이 아니라 담임교사 이름으로 호칭을 바꿔서 하세훈반, 윤경환반을 정하고 교사들이 더욱 책임감을 가지고 반을 운영할 것을 다짐하게 됐습니다. 함께 예배하고 함께 식사하는 시간을 주일날 가지게 했습니다.

초등1부 아이들 대부분은 친밀한 관계를 형성하고 있기 때문에 무엇이든 함께 하는 것이 즐겁습니다. 초등1부의 또 다른 중점은 부모님 사역입니다. 부모님 사역이라 특별한 것이 없고, 부모님과 사역을 공유하고 동역하는 것입니다. 부모님들의 의견도 적극 반영합니다. 부모님들과 사역과 육아를 함께하다 보니 큰 유익이 있습니다.

교회 사역 조율로 이제 다시 예전에 섬기던 유치부를 담당하고 있지만 더욱 예수님의 복음을 전하는 통로로 사용되는 제가 되길 소망합니다. 사랑이꽃피는교회와 같은 귀한 공동체에서 사역함이 너무나 감사합니다. 이 귀한 사역지에서 예수님의 신실한 제자가 되어 사랑으로 섬기겠습니다.

# 초등1부

# 아이들과 함께 누린 하나님 나라

하세훈 교사

대학생 때 예수님을 영접하고 인생 처음 사랑이꽃피는교회에서 신앙생활을 시작했습니다. 인생의 터닝포인트를 경험하고, 하나님의 사랑과 공동체 그리고 믿음에 대해 조금씩 배워갔습니다. 어느 날 발달장애 아이들과 엄마가 교회에 와서 예배를 드리는데, 아이들을 돌봐줄 사람이 필요했습니다. 저는 자연스럽게 그 아이들과 함께 유치부 교사로 섬기기 시작하고 그 아이들이 초등부로 올라가면서 초등1부 교사가 됐습니다.

신앙이 생기고, 저는 저의 어린 시절 주일학교, 공과공부, 성경학교를 경험하지 않았기에 분별력 없이 살았던 시간이 아깝게 여겨왔습니다. 제가 만난 아이들이 주말학교를 경험하면서 하나님을 사랑하고 이웃을 사랑하는 지혜로운 사람으로 자라가기를 기도하고 만나며 함께 시간을 보냈습니다.

어느 토요일 오후 행복모임 시간 아이 한 명만 왔기에 1:1로 팽이 시합을 하며 보냈던 시간… 주일 말씀을 듣고 공과공부 하는 시간, 빨리 끝나고 놀기만을 기다리는 아이들에게 그날 말씀이 아이들의 마음이 깊이 심기길 바라며 간단한 아이스 브레이크도 하고, 들은 말씀에 대해서 떠올려보게 하고 삶에 적용하도록 아이들에게 질문했던 시간… 교회 마당에서 반 아이들과 텐트를 치고 잠을 잤던 시간… 남학생 MT 한다고 여러 명의 아이를 초대해서 집에서 잠을 자고, 함께 아침밥 먹고 금박산 정상까지 함께하면 아이스크림을 사주겠다는 미끼로 포기하고 싶은 아이들과 금박산 정상에 다녀왔던 시간… 코로나 상황이라 단체로 움직이기가 제한되었던 시절 여학생 MT 한다고 몇몇 선생님과 여러 명의 아이와 경남 어느 지역에 가서 물놀이를 하고 왔던 시간… 여름성경학교 때 전도사님이 하나님의 말씀에 진심으로 반응하고 싶은 아이들은 앞으로 나오라는 말을 앞으로 나와 무릎을 꿇고 있는 아이들을 지나며 아이들의 머리에 안수하며 기도했던 시간… 그런 시간을 떠올리면 저도 모르게 살며시 입꼬리가 올라갑니다.

이 시간을 통해 제가 받은 하나님의 사랑과 은혜가 아이들에게 흘러가고, 악하고 더러운 세상 속에서 하나님과 이웃을 진심으로 사랑하고 섬기는 하나님의 지혜로운 사람으로 자라가기를 진심으로 원하고, 바라며, 기도합니다.

초등2부

# 공동체성, 학생들과 교사를 묶는 힘

방종극 목사

사랑이꽃피는교회의 초등2부는 초등학교 4~6학년 학생들을 대상으로 하는 교육부서입니다. 사랑이꽃피는교회 초등2부의 특징 중 하나는 학생들이 정말 순수하다는 것입니다. 저는 학생들과 함께 있는 것이 정말 행복합니다.

얼마 전에 교회 인근의 한 초등학교에서 축구 시합을 하자는 요청이 온 적이 있었습니다. 그래서 초등2부 남학생들을 모아 축구 시합을 했습니다. 사랑이꽃피는교회 초등2부 남학생들은 이기기만 하는 축구를 할 줄 몰랐습니다. 반칙해서라도 이기는 축구를 할 생각을 못 하는 아이들이었습니다.

축구 경기가 끝나고 아이들이 나를 찾아와 말했습니다. "축구를 했는데 기분이 나빠요." 맞습니다. 우리는 다른 축구를 했습니다. 우리는 누가 넘어지면 다 같이 가서 "괜찮아?"라고 물은 다음에야 축구를 할 수 있습니다. 우리가 하는 축구는 이기는 것도 중요했지만 축구하면서 행복하고 건강하고 나이가 들어서도 축구를 좋아하는 것이 목표였기 때문입니다.

초등2부에서 학생들에게 가르치고자 했던 것 중의 하나는 공동체성입니다. 스마트폰에 익숙하고 물질적인 가치와 개인화된 사회구조와 문화를 쉽게 받아들여 살아가는 아이들에게 공동체성이란 것은 이해하기 어려운 것이었습니다.

초등2부에서 공동체성을 누리기 위해 코로나 기간에도 생일을 맞이한 학생들을 위해 축하하고 선물과 엽서를 전달하고 아픈 자들을 위해서 반 교사와 심방하거나 선물을 전달했습니다. 한 명이 생일을 맞이하면 모든 학생과 모든 교사가 그 학생을 위해 선물을 준비합니다.

당연한 것이지만 함께 축하와 위로에 참여하는 것은 공동체성 형성에 중요한 부분입니다. 특히 짝 믿음 가정이나 편부모 가정과 조부모 가정에서 자란 아이들에게 사랑의 공동체성은 예수님이 누구신지를 보게 하는 본질적인 것입니다. 교사들과 학생들이 함께 공동체성을 세워가고 배워가는 것에 정말로 감사합니다.

초등2부에서 가장 중요한 사역 가운데 하나는 교사의 성장입니다. 그래서 청년 교사들과 식사를 하는 것은 저에게는 정말 중요한 시간입니다. 물론 교사들과 함께 자주 식사하는 것은 아닙니다. 그러나 많지 않은 기회에 교사들과 식사를 하면서 교사들과 교제하는 것이 저에게는 기쁨과 즐거움과 위로가 됩니다.

그러한 모임에서 교사들의 이야기를 듣고 또 짧지만 교사들과 다음 세대를 세우는 비전을 나눕니다. 교사들이 하나님의 말씀에 집중하며 삶의 말과 행동이 더 성장하는 것을 볼 때 기쁨이 넘칩니다.

교회에서 평소보다 조금 먼 곳으로 이사를 한 한 학생이 있었습니다. 그 학생은 이사한 이후로 교회에 나오지 않게 됐습니다. 그래서 그 반 교사에게 연락하라고 부탁을 했고 그래도 나오지 않아서 주일 아침에 그 학생이 사는 집으로 반 교사와 학교 친구를 데리고 가서 교회에 올 수 있도록 안내를 했습니다.

이러한 과정을 통해 교사는 아이를 보내기 원하는 엄마의 마음과 게임으로 교회 생활에 관심이 없어진 아이의 마음을 함께 살필 수 있는 시간을 가지게 됐습니다.

지금도 완성은 아니지만 이러한 과정을 계속하고 있습니다. 이러한 삶을 살기 위해 교사는 성령으로 충만해야 합니다. 잃어버린 영혼들에게 관심을 잃지 않으면서 자신의 삶을 잘 가꾸는 일을 할 수 있어야 합니다. 그러기 위해서 교사들이 성장하도록 돕는 일은 나에게 정말로 중요한 특권이고 기쁨입니다.

## 초등2부

# 사랑이 답이었습니다

박성현 교사

3년 동안 했던 초등부 교사는 제 의지와 상관없이 시작했습니다. 교회 형이 하자고 해서 반강제로 시작하게 된 초등부 교사의 시작은 별로 좋지 않았습니다. 초등부 교사를 처음 시작하면서 4, 5, 6학년의 아이들을 보면서 선생님들의 말도 제대로 안 듣고 버릇없는 아이들에게 쉽게 마음을 주기 어려웠습니다.

하지만 저는 교사를 하면서 제가 못하고 있던 아이들을 위해 항상 고민하시고 사랑하시는 목사님의 모습을 보았습니다. 그리고 아이들은 끊임없는 사랑에 답을 하듯 바뀌지 않을 것 같던 모습이 점점 변해가는 모습들을 보면서 마음을 고쳐먹게 됐습니다. 그리고 목사님이 아이들을 위해 기도하라고 말씀해 주신대로 기도회 때마다 아이들을 위해 기도했습니다. 신기하게 아이들을 위해 기도하면 항상 눈물이 났습니다.

'교사로서 부족한 제가 어떻게 아이들의 교사인 거지! 아이들을 위해 난 교사로서 제대로 하는 건지!' 고민을 많이 했습니다. 하지만 기도를 할수록 아이들을 사랑하는 마음이 커져갔습니다. 또한 '교사 베이직'이라는 책을 읽으면서도 정말 마음에 변화가 많이 생겼습니다. 교사라는 역할이 아이들에게 중요한 역할이고, 아이들을 위해 낮아지는 위치라는 것을 깨달았습니다.

초등부 교사로서 3년의 생활 동안 저 자신이 정말 많이 변했다는 것을 스스로 느끼고, 주위로부터도 그런 말들을 들었습니다. 처음에는 아이들을 사랑하는 마음과 더불어 초등부에 헌신하는 마음 또한 아주 작았습니다. 하지만 그런 저에게 목사님은 여러 역할을 맡겨 주셨습니다. 찬양 인도를 맡게 되었을 때, '아이들이 즐거워할 것 같은 찬양은 뭘까? 어떻게 하면 아이들이 다 같이 참여하여 즐겁게 찬양할 수 있을까?'라는 생각을 했습니다.

처음에는 일어서서 찬양하는 것을 싫어하는 아이들이었습니다. 그런데 어느 순간 교사와 아이들 모두가 일어서서 춤을 추는 모습을 보면서 큰 감동을 받았습니다. 그리고 총무를 하면서 목사님을 도와 초등부를 위해 활동하면서 초등부 교사들이 하나 되어 아이들을 위해 회의를 하고 활동하며 함께 하는 순간들이 정말 행복했고 초등부에 대한 마음은 더욱더 커져갔습니다.

저는 교사를 하면서 다음 세대인 초등부 아이들이 이후에 커서 꼭 교회학교 교사가 되었으면 좋겠다는 꿈이 있습니다. 초등부 아이들이 커가면서 신앙을 잃지 않고 민족과 열방을 품은 하나님의 사람이 되었으면 좋겠습니다.

# 초등2부

# 사랑을 주고받으며 자라는 곳

### 김채은 교사

교직을 꿈꾸는 저는 평소에도 아이들을 너무나도 좋아하고 사랑합니다. 그런데 그런 마음과는 달리 초등부 교사를 제안받았을 때 '할까? 말까?' 오랜 시간 고민했습니다. 아니 '해도 될까? 안 될까?'라는 고민에 더 가까웠던 것 같습니다.

아이들을 좋아함에도 아이들을 상대하기 어려워하는 모습들 때문에 여러 가지 걱정과 두려움이 앞섰습니다. '내 감정이 앞서서 아이들에게 상처를 주진 않을까! 나름 좋은 뜻으로 제시한 것들이 아이들에게는 안 좋은 영향으로 미치진 않을까! 나는 교회나 성경에 대해 제대로 아는 것이 없는데 무엇을 어떻게 가르칠 수 있을까!'라는 이유로 교사의 자리를 피하게 됐습니다.

그렇게 고민하고 있을 때, 초등부 예배를 통한 말씀과 이끌어 주시는 내용을 듣다 보면 저의 걱정과 고민이 자연스럽게 해결될 것이라는 말을 듣게 됐습니다. 그 덕분에 걱정을 조금씩 내려놓을 수 있었고, 도전해보자는 마음이 생겼습니다.

저는 초등부 교사를 시작할 때, 아이들에게 잘못된 것은 고쳐주고 알려 주며 올바른 방향으로 안내해야 한다는 생각으로 매사에 임했습니다. 그러다 보니 교사로서 아이들을 마주하는 시간마다 아이들에게 엄하게, 무섭게 꾸짖고 지적하는 저의 모습들을 발견할 수 있었습니다.

작은 문제에도, 사소한 상황에서도 그러한 모습으로 아이들을 대하다 보니 초등부 아이들 사이에서 '무서운 선생님'이라고 불리고 있음을 알게 됐습니다. 그럼에도 아이들은 잘 따라와 주고 있었고, 무섭다고는 하지만 저와 거리낌 없이 장난치며 노는 모습들을 보니 그런 제 모습이 그렇게 나쁘지만은 않구나 싶었습니다. 오히려 저를 잘 따르지 않고 만만하게 보는 것보다 낫다며 만족하기도 했던 것 같습니다.

아이들을 사랑한다는 마음에 부합하듯 아이들은 저를 잘 따르고 있으니 제가 무서운 것은 문제가 되지 않을 것 같았습니다. 그러다 어느 날, 목사님께서 아이들을 따뜻하면서도 단호하게 권면하시는 모습을 보며 '아이들이 저에게 무서워하는 마음을 가지고 따르는 모습들은 잠깐일 뿐이겠구나!'라는 생각이 스쳤습니다. 그 찰나에 단호함과 무서움은 완전히 다르다는 것을 깨닫게 되었고, 지금까지 목사님께서 말씀하셨던 아이들과 주고받는 사랑에는 무서움이 없다는 것을 알게 됐습니다.

예수님께서 저를 사랑하시듯, 그 사랑을 저에게 너무나도 잘 보여

주시고 느낄 수 있게 하시듯, 제가 아이들을 사랑하는 마음이 아이들에게도 닿아 충분히 느낄 수 있도록 말하고 행동해야 하는 것이 중요하다는 것을 깨닫게 됐습니다.

저는 지금 아이들과 함께 말씀을 배우고 알아가며, 그 말씀에 따라 아이들과 사랑을 주고받는 연습을 하고 있습니다. 초등부 교사를 통해 아이들을 마주하며 연습하고 훈련되도록 이끄심에, 어릴 때는 몰랐던 말씀들을 지금의 아이들과 함께 들으며 같이 성장하게 하심에, 제 약점을 보고 듣고 느끼며 이겨내게 하심에 감사합니다.

초등부 교사를 통해 아이들과 더 깊고 따뜻한 사랑으로 함께할 앞으로의 모습들을 기대하게 하심에 감사합니다.

## 청소년부

# 청소년과 함께, 교사에게 위임하며

### 서우석 목사

2014년 사랑이꽃피는교회로 처음 부임했습니다. SFC 간사로 사역하고 있던 차에 담임목사님께서 사역을 함께하자는 요청이 있었습니다. 처음엔 거절했으나 두 번째 제안하셨을 때 구 목사님은 본인이 생각하는 교회와 목회, 사역 방향에 대해서 두 시간 동안이나 길게 설명을 하셨습니다. 교회 성도께서 운영하던 '오네시보로' 파스타 집에서 파스타 면을 다 합친 것보다 긴 시간 동안 들은 교회 이야기는 따뜻하고 행복했습니다. 그 기대를 안고 오네시보로처럼 신실한 자가 될 것을 소원하며 사역을 시작했습니다.

청소년부만 담당하면 된다는 약속을 믿지는 않았습니다. 29살이었지만 사역 10년 차에 현실교회의 사정은 뻔했기 때문입니다. 그러나 정작 부임하며 청소년부만 담당하게 되다 보니 청소년들과 보내고 사역을 고민할 수 있는 시간이 절대적으로 많았습니다. 연말이 될 때마다 혹여 다른 부서로 이동하지는 않을까? 더 많은 사역이 맡겨질까? 긴장하였지만 "한 가지 사역을 10년쯤 하면 사역에 대한 전문가가 됩니다"라는 말과 함께 약속을 지켜나가시는 담임목사님의 목회 철학에 적응하기 시작했습니다.

청소년부 사역은 학생 자발의 장이었습니다.

청소년부를 담당하니 교사들이 이미 많은 교회 사역에 참여하고 있었습니다. 교사들에게 학생들의 심방과 훈련을 맡기기가 현실적으로 어려웠습니다. 그래서 강화한 것은 '학생위원조직'의 역할과 책임 범위입니다. 학생위원들과 매주 모임을 하면서 사역을 준비하고 진행했습니다. 위원들에게 역할을 하나씩 가르치며 찬양팀, 주보, 2부 순서 프로그램 등을 위원들이 준비했습니다. 소풍을 준비하면 위원들에게 역할을 나누어 같이 사역했습니다. 물론 매해 학생들을 새롭게 가르치는 느낌에서 자유로울 수 없었습니다. 그러나 이러한 걱정은 기우라는 것을 쉽게 알 수 있었는데, 몇 년이 지나니 학생들이 스스로 선배들의 방식을 발전시키고 변형해 자기들만의 사역을 진행했습니다. 이제는 학생들이 스스로 모임을 준비하고 계획합니다. 매달 한 번의 프로그램을 자발적으로 준비하고 찬양팀도 스스로 연습하고 사역합니다. 예배 준비도 상당 부분 돕습니다. 10년을 놓고 길게 보면 중고등부 사역의 가장 큰 열매는 학생위원들의 자발적인 참여입니다.

학생들의 자발적인 참여와 다음 주제인 교사에게 목양 역할을 위임하게 된 다리 역할은 학생들과 교역자와의 관계에 있습니다. 학생 자발을 이끌어내기 위해 학생들과 친해지기 위해서 했던 사역이 '냉장고를 부탁해'입니다. 청소년부가 오후예배를 참여하고 나면 10여 명 학생들이 남습니다. 그 학생들과 함께 우리 집부터 해서 한 명씩 돌아가며 집을 방문하고 준비해간 라면을 끓여 먹고 냉장고에 있는 김치와 간식 정도를 함께 먹는 프로그램이었습니다. 물론 먹는 것이 목표는 아니었고 방문하는 학생들의 이야기를 듣는 것이 목표였습니다. 자기가 가장 친숙한 환경에서 자기 이야기를 깊이 있게 할 수 있는 장이 바로 자기 집이라고 생각했습니다. 전체 학생의 집을 다 돌 때쯤이 되니 서로가 서로에게 책임 있는 친구들이 됐습니다. 서로의 아픔과 삶을 공유하는 관계로 조금은 더 가까이 가 있었습니다.

청소년부 사역은 교사에게 리더십을 전달하는 사역이었습니다.

위원으로 여러 사역으로 함께 활동하던 청소년들은 비교적 저와의 관계가 잘 형성됐습니다. 이후 제가 진행했던 사랑이꽃피는봉사단의 '독거노인 반찬봉사'와 '그룹홈 아동봉사', 청소년 센터의 '아지트 8-1' 카페 사역의 핵심 참여자원은 대부분이 10년을 함께 보낸 청소년들과 어느새 자라서 교사의 자리에서 헌신하는 친구들이었습니다.

앞서 말씀드린 대로 시골교회의 청년들은 비교적 여러 사역을 봉사합니다. 그러다 지치는 경우가 많은데, 우리 교회는 사역이 진짜 많은 교회입니다. 그런데도 청소년, 청년들이 긴 시간 신앙을 함께 꿈꾸고 그려왔었기 때문에 사역적 당위를 설명하면 많은 지원자가 함께 힘을 보탰습니다. 그중 청소년부 사역은 더욱 그렇습니다.

현재 20여 명의 교사 중 과반이 청소년부를 거친 청년들입니다. 고

3을 졸업할 때 학생들은 교육부서 보조교사로 자원을 합니다. 강제되는 측면이 있지만 관계를 기반으로 하기 때문에 반감은 없습니다. 혹시나 청년들에게 묻지는 말아 주십시오. 교육부서 영아부, 유치부, 초등1부, 초등2부, 청소년부의 교사를 합치면 100여 명에 달합니다. 그중 90%가 대학청년부인 것을 감안하면 꽤나 긴시간 동안 20살 대학생을 교사로 영입한 효과가 있다고 판단됩니다. 대학 이후 교회에 온 청년들도 교회의 핵심 가치에 동의 되는 친구들은 교사로 섬길 때 접근하는 태도와 방향이 다릅니다.

그렇게 교사가 된 청년들에게 처음에는 예배 참여부터 부탁했습니다. 예배에 잘 참여하는 교사가 되었다 싶을 때 목장모임, 즉 관계 맺기를 부탁합니다. 한 교사가 맡는 학생들은 되도록 변화를 주지 않습니다. 정교사 1명, 보조교사 1명 학생 5~6명인 반체제는 보조교사가 정교사가 되어 분반할 때까지 유지합니다. 보조교사 즉 부목자가 반을 운영하고 학생들과 관계 맺기가 되면 반을 분가하여 역할을 이임합니다.

목자들에게는 제가 했던 방식의 전도를 요청합니다. 본인의 집으로 학생들을 초대해서 간식을 해 먹고 놀도록 요청합니다. 자취나 학사에 사는 경우 목장 학생들을 초대하는 1박 모임을 진행하도록 돕습니다. 청년 교사들이어야 할 수 있는 방식의 전도이긴 하지만 장년 성도들이라도 불가능하진 않습니다. 그렇게 6년의 세월을 함께 보내 차근차근 마음을 나누는 과정을 쌓아갑니다. 그렇게 시간과 경험이 쌓여 예수님의 삶을 배워간다고 생각합니다. 이러한 과정을 처음 6년 동안은 제가 힘썼다면 함께 보낸 시간이 많아진 교사들이 세워진 이후에는 대부분의 사역과 목양을 목자들에게 이임했습니다.

이제는 목장의 재생산을 이루는 사역으로 달려갑니다.

목자가 되면 1년에 두 번 전도프로그램 – 행복모임을 진행해야 합니다. 첫 주에는 목장의 목자 2인과 전체 학생들이 모여 전도모임에 대한 계획을 세웁니다. 이후 모임은 1+1 모임입니다. 이는 1:1 심방입니다. 학생을 개인적으로 만나 심방하며 관계를 맺습니다. 교회에서는 편의점 1+1 간식을 지원해 줍니다. 한 목장에 5~6명이니 부목자와 나누어도 3주나 걸리는 일입니다. 그 후에는 학생의 전도 대상자, 친한 친구들을 1명 소개받는 2+1 모임을 진행합니다. 목장 학생의 가장 친한 친구를 소개받는 일입니다. 가장 친한 친구가 있는 모임으로 전도하는 일은 아무도 모르는 모임에 전도하는 일보다 훨씬 가능성이 큽니다. 그렇게 3~4주 후에는 함께 전도모임을 진행한 친구들과 초대된 친구들 전체가 모여 1박으로 엠티나, 소풍 등을 진행해서 10주 정도의 전도모임을 진행하고 있습니다.

처음에는 저도 그렇고 교사들도 우왕좌왕하기도 했습니다. 그러나 급하게 마음먹지 않고 차근차근 진행했더니 사역 흐름에 적응하는 교사들과 학생들이 늘었습니다. 전도를 멈추는 소그룹은 생명을 잃습니다. 흥미와 재미로만은 공동체가 영적으로 성장하지 않습니다. 함께 영혼을 위해 기도하고 전도하며 나를 찾아온 하나님을 진정성 있게 만나는 일이 학생들을 성장시킨다고 생각합니다. 이제 우리 중고등부도 사랑의 공동체를 이루어 복음을 전하는 공동체로 성장 해보겠습니다. 함께 걸어 주십시오.

# 울릉도 소녀, 사꽃에서 꽃피다

김예희 학생

저는 고등학교 입학 전에 사랑이꽃피는교회에 처음 오게 됐습니다. 부모님께서는 당시 울릉도에 있는 교회에서 목회하고 계셨기에 저는 부모님과 따로 지내야 하는 상황이었습니다. 부모님과 떨어져야 했던 17살의 저는 너무나도 많이 바뀐 상황 속에서 적응해야 하는 것이 버거웠지만 중고등부 공동체와 함께하면서 매주 주일이 기다려지고 예배가 기다려지는 모습을 볼 수 있었습니다.

고등학생 이전의 저는 어려운 것이 없고 항상 부모님께 의지했기에 하나님께 나아가지 못했습니다. 그런데 모든 것이 낯설고 항상 의지했던 부모님이 곁에 없는 상황이 닥쳐오니 그제야 하나님께 의지하는 법을 배웠습니다. 저에게 이런 상황을 주신 것도 하나님의 훈련이라고 느껴져 저의 고등학생 시간은 참 감사하고 뜻깊은 시간이 됐습니다.

중고등부와 함께하면서 저의 바뀐 모습을 볼 수 있었습니다. 중고등부에서 찬양팀을 섬기고 위원을 하면서 많이 소심했던 저의 성격이 바뀌고 중고등부 친구들을 좀 더 챙길 수 있었습니다. 찬양팀 리더로 섬길 때는 찬양함이 무엇인지를 알 수 있었고 위원으로 섬길 때는 중고등부 친구들을 사랑하는 방법을 알아갔습니다. 찬양팀과 위원장을 하면서 예배를 준비하고 공동체를 위해서 준비하니 교회와 더 가까워지고 하나님과 교제할 수 있었습니다.

저는 목사님의 말씀을 듣던 중 소외된 이웃을 살피라는 말씀을 들었습니다. 매주 반찬봉사가 있다는 사실을 알았지만 여러 핑계로 가지 않았던 저는 말씀을 실천해 보기 위해 반찬봉사에 나가 보았습니다. 처음에는 할머니와 있는 그 자리가 어색했지만 매주 할머니와 시간을 보내다 보니 이웃을 사랑함이 무엇인지 알 수 있었습니다. "사랑은 줄 수 없을 만큼 가난한 자도 없고 사랑은 받을 필요가 없을 만큼 부한 자도 없다"라는 말처럼 저는 반찬봉사를 통해 제가 받은 사랑을 나눌 수 있었고 사랑은 나누면 나눌수록 더욱 커진다는 것도 느낄 수 있었습니다. 예전에는 양심 때문에 나갔던 반찬봉사가 이제 사랑으로 다가오게 됐습니다.

사랑이꽃피는교회와 함께하는 고등학교 생활은 저에게 참 감사함으로 다가옵니다. 앞서 말했던 것처럼 이전에는 알지 못했던 사랑, 공동체에 대해 느끼고 알아가는 시간이 됨을 느꼈습니다. 무엇보다 매일매일 하나님을 알기 원하고 말씀에 대해 궁금해하는 저의 모습을 보니 하나님과 교제할 수 있고 말씀을 들을 수 있음에 정말 감사함을 느낍니다.

# 함께, 중고등부 18년

### 류재완 교사

중고등부 부장 류재완 집사입니다. 지난 18년을 돌아보면 '내가 글을 쓸 만큼 열심과 좋은 영향력이 없는데 어떻게 글을 쓰지?'라고 생각하면서 '쓰지 않으면 넘어가겠지!' 하고 있었는데 주기적으로 연락을 주시는 통에 부담감이 컸습니다. 그럼에도 순종함으로 쓰게 됐습니다.

먼저 저의 중고등부 시절의 일들이 생각이 납니다. 초등부에서 중등부로 올라와 드렸던 첫 예배와 말씀은 생각이 안 나는데 불렀던 찬송가는 아직도 기억 속에 머물러 있습니다. 처음 만난 선생님은 여자 청년 선생님이셨는데 주일 예배 후 성경공부시간에 열정적으로 우리를 가르치셨던 모습과 함께 중고등부 행사를 준비했던 즐거운 시간이 생각이 납니다.

사춘기 시절에 방황도 좀 했었는데 늘 그 자리에서 기다려주시고 반겨 주셨던 교회 선생님이 계셔서 감사한 마음이 듭니다.

중고등부 시절에 형들과 누나들과 함께했던 시간은 저에게 너무나 행복한 시간이었습니다. 지금 믿음으로 살아갈 수 있는 소중한 추억이 되었던 것 같습니다.

저는 청년의 시절을 보내고 결혼을 하고 사랑이꽃피는교회를 오게 되면서 처음으로 섬기게 된 부서가 중고등부였습니다. 아무런 준비 없이 목자가 되어서 어려움도 많았습니다. 지금 생각해보면 '제가 어떠한 마음으로 한다고 했지?' 되묻게 됩니다. 아이들과 대화도 안 되고, 어색하고, '주일 잠깐 보면 되지'라는 생각으로 하려고 하다 보니 부담으로 다가올 때가 많았습니다.

그러던 어느 순간부터 우리 반 아이들이 나를 반겨주고 말도 걸어오고 자기의 생각도 말해주고… 누가 목자인지 알 수가 없었습니다. 그러면서 제가 조금씩 바뀌었고, 열정이 생겼습니다.

사춘기 시절을 보내고 많은 생각을 하는 친구들하고 함께 한다는 것이 쉽지는 않았지만 교회 공동체 안에서 만들어지는 기쁨이 컸던 것 같습니다. 시간이 흐르고 우리 반이었던 친구들이 결혼해서 가정을 이루는 친구들 또는 군대에 가 있는 친구들이 청년이 되어 교회에서 섬기는 모습을 보면 저에겐 너무나 큰 감사입니다.

우리 중고등부 목자들은 열정이 너무 넘칩니다. 그들과 함께하고 있는 것이 감사입니다. 지금 청년대학 시절을 보내고 있는 목자들을 보면 자기에게 맡겨진 친구들을 사랑하고 같이하는 모습이 참 아름답습니다. 있어야 할 곳에 있어 주고 기다려주며 자리를 지켜준다면 하나님이 찾으시는 중고등부 목자라고 생각합니다.

중고등부를 담당하고 계시는 서우석 목사님은 친구들의 마음을 먼저 알아주고, 친구들의 눈높이에 맞추어 바라봐주는 친구 같은 목사님이십니다. 중고등부 안에서 목자와 목장 친구들이 함께할 수 있도록 잘 만들어 주십니다.

이 글을 쓰면서 다시 한번 저에게 다짐을 해 봅니다. 언제까지 중고등부를 할지는 모르겠지만 중고등부 친구들과 함께하면서 그들의 이름을 기억하고 불러주며 좀 더 다가가는 부장집사가 되어야 하겠습니다. 목자들과 목사님에게 필요를 따라 움직이는 섬김으로 봉사하며 늘 기도하겠습니다. 진짜 부족한 저에게 사랑이꽃피는교회에 있게 해 주시고 중고등부 부장집사로 섬기게 해 주신 하나님께 감사드리며 모든 영광을 주님께 올려드립니다.

## 어울림학교

# 토요일 유아를 돌보는 어울림학교

### 임평강 전도사

어울림학교는 유치부 행복모임의 성격을 가집니다. 대상자는 4~7세입니다. 교회를 다니지 않더라도 참석은 가능하며 부모님이 동참하시거나 아이들이 울지 않고 앉아 있는 경우 그 이하도 참석은 가능합니다.

어울림학교 수업 대부분은 유치부실에서 진행되고 바깥 놀이나 학기당 한 번 정도는 야외로 나가서 체험 활동을 진행합니다. 시간은 코로나 이전에는 11시부터 17시까지 진행을 했습니다. 이제는 14시부터 17시까지 진행하고 있습니다.

어울림학교는 전도소그룹 성격을 가지고 있습니다. 봄학기는 3월에 개강해서 14주를 하고 그다음 주에 종강식을 합니다. 그리고 여름을 물놀이와 여름성경학교로 보내고 다시 가을학기는 9월부터 12월까지 사역을 이어갔습니다. 이런 사역들을 위해서 매 강의 때와 종강 때에 피드백을 받고 시작 한 달 전부터는 '어떻게 할 것인지'를 구상하고 섬김이를 섭외합니다.

어울림학교는 맞벌이로 인해 아이들이 집에 방치되는 아이들이나 육아로 인해 지친 부모님들께 안식처가 되는 것을 목표로 시작했습니다. 그러기 위해 교회가 함께 아이들을 섬기고 가능하신 부모님들은 강사로 코로나 이전에는 식사 섬김이로 섬겨주십니다. 자녀 양육이 혼자 할 때는 막막하지만 공동체가 함께 해나갈 때 아이들은 행복하고 바르게 자라며 부모님들은 서로의 섬김으로 인해 감사와 행복 가득한 육아가 되고 있습니다. 그리고 그 현실의 벽을 함께 허물고 섬기기 위해 많은 청년들과 교회가 함께 섬기고 있습니다.

어울림학교 방향은 모든 일을 선한 동기로 하기 위해 서로 책임지며 공동으로 육아하는 공동체입니다. 아이들이 서로 사랑하고 함께 하는 법을 배울 수 있도록 언제나 기도와 관심과 참여 사랑에 감사를 드립니다.

어울림학교

# 어울려 놀며 경험한 하나님 나라

송지혜 교사

어울림은 유치부 아이들을 오후 2시부터 5시까지 돌봐주는 사역입니다. 어울림 학교는 아이들이 어릴 때부터 하나님 나라의 가치관을 배우며 혼자가 아닌 공동체와 함께 하는 것을 가르칩니다. 세상이 나를 위해 살아가라 말할 때 타인을 위해 살아가는 법을 배웁니다, 먼저 가기보다 함께 가는 법을 배웁니다. 아이들에게만 가르치는 줄 알았던 그 말씀을 저도 어울림을 통해 삶으로 살아낼 수 있게 됐습니다. 감사하게도 이런 사랑의 공동체를 4년이나 누리고 경험할 수 있었습니다.

어울림을 처음 시작했을 때 어설프기 짝이 없었던 저는 아이들을 어떻게 대해야 할지도 몰라서 쩔쩔맸던 기억이 납니다. 아이들은 저마다 자기 이야기를 들어달라고 아우성치고, 누구는 울고, 누구는 삐지고 정말 정신이 없었습니다.

한동안은 어울림을 하자고 하시면 전도사님을 피해 다닐 만큼 어려워했던 거 같습니다. 하지만 감사하게도 어울림을 섬길 기회를 자꾸 주셨기에 자주 가게 되었고 아이들과 친해지게 됐습니다.

그렇게 어울림에 익숙해지고 나니 이제는 습관과 스킬로 아이들을 대하게 됐습니다. '떠들기 전에 조용히 시키고 뛰기 전에 뛰지 말라'고 했습니다. 사랑으로 대하기보다 나의 경험으로 아이들을 가르치려 했습니다. 제 안에 사랑이 없으니 아이들이 말을 듣지 않는 모습이 밉기도 하고, 통제되지 않는 모습에 화가 나기도 했습니다. 그래서 아이들이 사랑스러운 것이 아니라 또 사고를 칠까 봐 눈에 불을 켜고 감시하기에 바빴습니다. 어울림이 아닌 곳에서 봤을 때도 기쁘게 반겨주지 못했습니다. 어울림은 토요일마다 하는 일처럼 느껴졌으며 아이들은 저를 지치게 하는 존재였습니다.

어느 날 하나님의 말씀을 듣고 제가 아이들을 사랑해야 하는 의무가 있는 교사임을 깨달았습니다. 하루뿐인 어울림일지라도 아이들을 기도와 말씀으로 양육해야 하는 교사라는 것을요. 그것을 깨닫자 아이들을 보는 제 시각이 달라졌습니다. 한 사람 한 사람이 너무 사랑스러워 보이고 소중한 존재로 여겨졌습니다. 두 번 다시 돌아오지 않을 함께하는 이 시간이 귀하고 감사했습니다. 아이들은 달라진 것이 없지만 저는 아이들을 참으로 사랑하게 됐습니다. 어울림을 하는 시간이 기다려지고 아이들을 만날 생각에 기쁨으로 가득해졌습니다. 아이들을 향하여 하나님이 주신 소망과 기대를 품기 시작했습니다.

자라지 않을 거 같았던 아이들이 조금씩 자라고 있는 것이 느껴집니다. 양보할 줄 몰랐던 아이가 자기보다 더 간식이 먹고 싶은 친구를 위해 양보합니다. 뭐든지 잘하고 배움이 빨라서 혼자 하던 아이가 친구와 동생과 같이하기 위해 기다려줍니다. 찬양으로, 말씀으로, 기도로 우리 아이들이 자라갑니다. 엄마 아빠의 삶을 보고, 선생님들의 삶을 보고 자라갑니다.

아이들을 사랑하게 되니 조그만 변화조차도 제게는 큰 기쁨이었습니다. 그 변화에 눈물이 나기도 하고 너무 기뻐서 하나님께 기도하기도 하고 찬양을 드리기도 했습니다. 하나님의 나라가 우리 안에 이뤄지는 것이 가슴 깊이 깨달아졌습니다.

아이들과 함께한 지난 4년은 저에게 천국이었습니다. 아무도 거들떠보지 않는 경산이라는 도시의 작은 교회, 그보다 더 작은 방. 그곳에서 저는 하나님 나라를 볼 수 있었습니다. 어쩌면 가장 놀기 좋고, 쉬고 싶을 토요일 오후이지만 그 시간을 하나님께 드렸을 때 제 전부와도 비교할 수 없는 하나님 나라를 얻게 됐습니다. 함께 함의 기쁨을 알게 됐습니다. 한 영혼을 품고 기도하는 것, 하나님의 꿈을 꾸는 것이 얼마나 가치 있고 귀한 일인지 배웠습니다. 아이들을 꿈꾸는 그 귀한 사역에 참여하게 하신 하나님께 감사합니다.

저뿐만 아니라 수많은 사람이 이 하나님의 나라를 함께 만들어갔습니다. 아이들을 위해 귀한 시간을 내어 헌신해주신 섬김이, 강사, 주임 선생님들, 아이들의 점심을 만들어주시고 간식도 제공해주신 감사한 어머님들, 그리고 무엇보다 어울림 학교를 위해 눈물로 기도하고 섬기셨던 전도사님들의 사랑이 없었더라면 할 수 없었을 것입니다. 또 매주 같이 즐겁게 놀고, 선생님의 말씀을 잘 들으려고 노력해주었던 다음 세대를 기대하게 만드는 사랑하는 아이들에게도 감사합니다. 어울림을 위해 물질로, 기도로 후원해주셨던 성도님들도 감사합니다. 함께 동역해주신 덕분에 아름다운 하나님 나라를 아이들이 경험하며 자랄 수 있었습니다.

더 많은 사람이 이 하나님 나라를 경험하기를 소망합니다. 아이들과 어울려 놀며 함께함의 기쁨을 알아가기 원합니다. 아이들을 섬기며 자기를 위해 시간을 사용하는 것이 아니라 공동체를 위해 시간을 사용하기를 원합니다. 한 아이를 가슴에 품고 뜨겁게 기도할 수 있게 되기를 원합니다. 민족과 열방을 세워갈 다음 세대를 꿈꾸는 이 사역에 동참하길, 아이들을 향한 하나님의 크신 계획을 보는 눈으로 아이들을 사랑하길 원합니다.

아이들은 키가 자라고 마음이 자라고 생각이 자라고 영이 자랍니다. 그 속도보다 빠르게 세상의 가치관은 아이들의 영에 스며듭니다. 아이들을 어려서부터 하나님 나라의 가치관으로 양육하지 않으면 우리는 이 아이들을 잃어버릴지도 모릅니다. 아이들을 하나님 나라의 가치관으로 양육하는 이 일에 동참해주세요. 함께함이 기쁨입니다.

# 교회는 재밌어야 한다. 답답해선 안 된다

배성환 전도사

우리 교회는 토, 주일이면 50~60명의 아이가 함께 오후 5시까지 늦게는 8~9시까지 시간을 보냅니다. 집에 가는 것보다 아이들은 교회에서 함께함의 행복을 맛보았는지 공동체와 함께하는 것을 좋아합니다. 3년 전부터 고신교단 총회교육원의 백프로그램을 추가하여 진행하고 있지만 아이들은 무엇이든 함께 시간을 보내는 것을 좋아합니다.

어떤 날은 저도 그리고 함께 섬기는 임평강 전도사님도 피곤함을 달래기 위해 만화영화를 상영하는 날도 있지만 그 시간마저도 4~6학년 언니, 형, 누나, 오빠들이 동생들을 돌보는 모습에 감격하고 감사하게 됩니다. 그 모습을 우리는 '어린이 지킴이단' 활동이라 부르게 됐습니다. 어린이 지킴이단이란 안전함을 풍기는 이름이지만 실제로는 학생들에게 책임감을 부여하는 동시에 서로를 책임지는 훈련의 과정입니다. 아이들을 믿고 맡기시는 부모님들의 믿음에 부응하고자 더욱 잘 돌보려 노력합니다. 아이들이 어려서부터 교회 사역에 동참하여 약한 자들을 돌보는 것에 주안점을 두고 있습니다.

토, 주일 사역을 획일화되어 있는 틀에 맞추기보다 아이들의 놀이 문화에 그저 이름을 붙이는 사역입니다. 아이들이 교회에서 지내는 것이 답답하거나 어떠한 틀에 들어와 있다는 것을 최소한으로 하는 것이 주말학교 사역의 핵심입니다. 아이들은 자유로워지고 싶어 합니다. 하지만 위험하거나 아이들에게 해가 되는 것을 허락해선 안 됩니다. 하지만 아이들을 학교와 같이 획일화된 프로그램에 갇히게 한다는 것은 매우 안타까운 일입니다.

제가 가장 많이 하는 말이 "오늘 뭐 하고 놀래?"입니다. 저는 조별로 돌아다니면서 이것저것 지도하고 말을 많이 합니다. 함께 어울리지 못하는 친구들 위주로 말동무를 해보지만 그들도 실상은 함께 잘 노는 방법을 몰라서입니다. 어떻게 상대방과 사랑의 관계를 쌓아가고 누리는지를 배운 적이 없어서입니다. 초등방과후학교를 시작으로 토, 주일 주말학교를 통해 사랑의 관계성을 누리고자 합니다.

요즘은 한창 여름 물놀이장을 폈다 접었다 합니다. 땀이 비 오듯 오지만 아이들의 행복한 모습에 엄청나게 시원한 위로의 행복을 허락하십니다. 이 사역을 통해 복음적 가치를 강하게 느끼게 하십니다.

주말학교는 재밌어야 한다. 어린이들이 함께 행복해야 한다… 주말학교 핵심 가치입니다.

# 공동체성이 자라는 초등방과후학교

방종극 목사

사랑이꽃피는교회 초등방과후학교는 담임목사님을 통해서 2008
년부터 시작됐습니다. 사랑이꽃피는교회가 있는 경산시 진량읍의 부
모 대부분은 맞벌이를 하며 살아갑니다. 진량지역에는 공단이 있으나
급여가 높지는 않습니다.

부모가 아이 둘을 학교와 학원에 보내려면 맞벌이를 해야 합니다.
그렇지만 그 결과는 그리 좋지가 않습니다. 부모는 사교육비의 부담을
안고 살아가야 했고 아이들은 부모와 함께 보내는 시간이 턱없이 부족
하게 됐습니다. 아이들은 정서적으로 메마르고 예민해졌고 학업에 집
중하지 못하는 경우가 대부분입니다. 그래서 교회가 아이들을 대신 맡
아주고 돌봐주고 사교육비에 대한 부담도 덜어주므로 2가지 문제를
해결하고자 방과후학교를 시작하게 된 것입니다.

방과후학교에서는 영어와 수학 수업을 합니다. 모두가 하는 것은 아니고 신청자만 합니다. 영어와 수학 수업을 마치면 자유시간을 가집니다. 자신이 하고 싶어 하는 일을 하면서 시간을 보낼 수 있습니다. 그래서 아이들은 방과후학교에 오는 것을 즐거워합니다. 수업을 마치고 자유롭게 놀이터에서 놀거나 축구를 하거나 피구를 합니다. 그래서 대부분 학생이 매우 좋은 체력을 가지고 있습니다.

방과후학교에서 아이들과 함께하면서 정말 뜻깊었던 것은 말씀을 가르치는 일이었습니다. 아이들은 다 다른 가정에서 약간의 다른 기준을 가지고 살아갑니다. 그리고 혼자 자라는 아이들도 여러 명 있습니다. 이 아이들에게 중요한 것은 말씀을 따라 사는 것을 가르치는 것이었습니다.

매주 화요일과 목요일에는 주일 부서별로 예배 시간에 들었던 말씀을 다시 설교합니다. 일주일에 3번은 같은 설교를 듣는 것입니다. 설교할 때 열정적으로 전달하려고 노력하는 편입니다. 그리고 학생들은 말씀을 암송합니다. 말씀은 거의 모든 학생이 주별로 암송합니다. 그래서 방과후학교에 와서 먼저 하는 것이 말씀을 암송하는 것입니다. 그것 하나만으로도 아이들이 방과후학교에서 지내는 말이나 행동은 많이 달라집니다. 그리고 그 말씀을 따라 어떻게 말하고 행동해야 하는지를 생각하는 능력이 자라는 것을 지켜볼 수 있었습니다.

어떤 선생님이 방과후학교에서 아이들과 놀아주려고 온 적이 있었습니다. 그 선생님이 2~3일 놀아주고 나서 "아이들이 좋아지고 있는 게 느껴진다"라고 말해주었습니다. 정말 기쁘지 않을 수 없습니다.

방과후학교에서 아이들과 함께하면서 뜻깊었던 또 한 가지는 공동체성의 성장입니다. 우리나라의 가족 형태는 핵가족입니다. 부모와 자녀들만 사는 가족 형태가 대부분이며 자녀들의 출산도 많지 않습니다. 게다가 부모들은 자녀들을 양육할 때 아이들이 원하는 것 중심으로 자녀들을 양육하는 경향이 있습니다. 이런 자녀중심적 교육환경에서 아이들의 공동체성이 자라기는 쉽지 않습니다. 그러나 사랑이꽃피는교회의 방과후학교에 오는 아이들은 공동체성이 자랍니다.

도우미로 섬기는 어머니 교사들은 방과후학교에서 아이들이 자신보다 어린 동생들과 힘이 약한 친구하고 같이 놀이를 하며 어울려 지낼 수 있도록 지도합니다.

방과후학교에 아이를 보내는 한 어머니는 방과후학교에 다니는 자녀를 보면서 자신의 느낀 점을 이렇게 썼습니다.

"저 어린 애들끼리 뭐 하겠나가 아니라 저 애들도 방과후학교 안에서 참 바르게 커 가는구나 생각을 했어요. 그런데 애들끼리 모여서 어떻게 하면 동생들을 잘 돌봐주고 재미있게 해 줄까 의논하는 모습을 보면서 내가 애들 수준에도 못 미치고 있다는 것을 알게 됐어요. 지금 있는 애들이 위에서 영향을 받고 옆에서도 영향을 받아 동생들을 잘 돌봐줘야 한다는 것을 많이 경험하는 것 같아요. 이곳은 잠깐잠깐 친하게 지내는 것이 아닌 항상 말하고 삶을 나누는 곳이다 보니 점점 쌓여가고 어떻게 해 주는지를 서로 배우고 있는 것 같아요."

다른 어머니는 자녀들을 방과후학교에 보내면서 공동체성이 자라는 것을 이렇게 썼습니다.

"우리 가정 같은 경우 아이들이 할아버지 할머니 없이 그냥 부모하
고만 관계를 맺어요. 다른 어른들하고 관계 맺는 것이 없어요. 학교도
선생님밖에 없고 교회에도 일주일에 한 번 오고 그렇다 보니 어른들과
관계를 맺는 것이 사실 어렵고 또 힘들어요. 그런데 방과후학교는 매일
어른들이 같이 계시고 아이들에게 관심을 두시고 이름이라도 불러줍
니다. 아이들은 자기들이 하고 싶은 이야기도 하면서 이렇게 주거니 받
거니 어른들하고 어울립니다. 이런 경험은 어디에서도 없을 수 없어요.
방과후학교 도우미 선생님들 그리고 가르치는 선생님들 교회에 오시
는 여러 집사님이 아이들에게 관심을 두시고 요즘 어떤지도 물어보시
고 이런 얘기들이 오가고 관계를 맺는 것이 되게 좋은 것 같아요."

공동체성은 혼자서는 키울 수가 없습니다. 아무도 자기 마음 밭을
혼자서 가꿀 수 없는 것처럼 어른도 있고 형과 누나도 있고 동생도 있
는 곳에서 공동체성은 자라납니다. 이러한 공동체성을 가진 다음 세대
를 방과후학교에서 세우는 이유는 하나님의 영광을 위해서입니다. 개
인화되고 단절과 고독을 겪는 사람들이 가득 찬 세상에서 참된 치유
와 회복을 가져올 수 있는 사람들은 예수 그리스도 안에서 바른 신앙
과 공동체성을 가진 사람들입니다.
이렇게 공동체성이 자라도록 함께 해 주시는 도우미 선생님들, 가
르치는 선생님들, 운행해주시는 분들과 관심을 가져주시는 부모님들
과 모든 분에게⋯ 무엇보다 하나님께 감사를 드립니다.

# 초등방과후학교

# 기다림의 교실

박현미 전도사

때때로 일기라도 썼더라면 글쓰기가 이렇게 힘들지 않을 텐데 후회를 해 봅니다. 답답한 심정에 짧은 시간 안에 글이 술술 쓰이도록 기도도 해 봅니다. 그러나 이런 도둑놈 같은 심보의 기도가 이루어질 리 만무하지요. 그러나 하나님은 글솜씨를 하늘에서 뚝 떨어뜨려 주시지는 않으셨지만 한 가지 중요한 것을 깨닫게 해 주셨습니다. '너무 잘 쓰려고 하니 힘들지 그냥 있는 대로 단순하게 써봐'라고 말씀하시는 것 같았습니다. 이제 영어스쿨에 대해 그렇게 써 보려 합니다.

2008년에 시작된 영어스쿨은 올해로 15살이 됐습니다. 저는 2011년에 부임하여 12년째 교사로 가르치고 있습니다. 이렇게 긴 세월을 사역할 수 있었던 가장 큰 이유는 교회와 저의 교육 가치가 일치했기 때문입니다.

학교와 학원에서 공부와 경쟁에 지쳐가는 아이들에게 아이다울 수 있는 권리, 행복할 권리를 찾아주고 다른 사람들의 다름을 존중할 줄 아는 아이들로 키우고자 하는 교육 목표를 가진 교회에서 사역할 수 있다는 것이 너무나 감사합니다.

한글도 아직 능숙하지 않은 아이들이 영어를 배우는 것은 참 어려운 일입니다. 그래서 우리 영어스쿨은 최대한 쉽고 자연스럽게 영어를 배울 수 있도록 신경을 쓰고 있습니다. 교재는 영국 oxford 출판사에서 발행한 5단계로 이루어진 40여 권의 동화책들입니다. 이 과정을 마치면 더 높은 수준의 책들을 읽게 됩니다.

아이들은 한 권의 책이 끝날 때마다 또 다음 단계로 넘어갈 때마다 성취감을 느끼게 되고 동기부여를 받게 됩니다.

영어를 처음 접하는 친구들은 아무리 쉬운 책이라도 바로 읽을 수는 없습니다. 그래서 동화책을 자연스럽게 읽을 수 있도록 알파벳, 발음(ponics), 간단한 문장들을 읽히는 준비 단계를 먼저 하게 됩니다. 물론 이 단계가 필요 없는 친구들은 자신의 수준에 맞는 책부터 시작하면 됩니다. 이렇게 6학년 1학기까지 어느 정도의 수준이 되면 중학 영어를 준비하기 위해 2학기에는 문법을 집중적으로 공부합니다.

실력 있는 선생님이 좋은 교재를 가지고 가르쳐도 학생이 알아듣지 못하면 아무 소용이 없습니다. 그래서 영어스쿨은 각 학생의 수준에 가장 적합한 수업을 하고자 철저히 개인지도를 하고 있습니다. 걸음마의 속도로 배워야 하는 친구들과는 걸음마를 같이 하고, 뛰어갈 수 있는 친구들과는 함께 뛰고 있습니다.

이러한 수업을 하기 위해서는 학생 수보다 더 많은 교사가 필요하고 따라서 운영비용도 훨씬 더 듭니다. 만약 학원에서 이런 방법을 고집했으면 몇 달 못하고 쫓겨났을 것입니다. 이윤은 커녕 적자를 내는 교사를 해고하는 것은 당연한 일이겠지요.

이 글을 빌어 학생 중심의 수업을 할 수 있도록 모든 것을 맡겨 주시고 재정적 지원을 아낌없이 해 주신 교회와 담임목사님께 진심으로 감사드리고 싶습니다. 교회마저도 효율성을 추구하는 시대에 가치를 위해 묵묵히 15년의 세월을 다음 세대를 위해 일해 왔고 앞으로도 일할 우리 교회가 자랑스럽습니다.

아이들을 가르치면서 또 사람들과 더불어 살아가면서 '무엇이 한 사람을 변화시킬 수 있을까?'에 대해 많이 생각하게 됐습니다. 여러 시행착오를 거치면서 다다른 한 생각이 있습니다. 그들을 위해 기도하며 사랑하며 기다려 주는 것이 필요하다는 것입니다.

어떤 글에서 우리는 그 사람을 사랑하는 만큼 견뎌내며 기다릴 수 있다는 것을 읽은 적이 있었습니다. 그렇다면 기다림은 사랑의 또 다른 언어라 할 수 있을 것입니다. 이런 의미에서 저는 영어스쿨을 '기다림의 교실'이라 부르고 싶습니다.

이 기다림의 교실에서 일어난 몇 가지 변화들을 나누어 보려 합니다.

어린 나이에 무엇에 그렇게 주눅이 들었는지 개미만한 목소리로 수업을 하는 친구가 있었습니다. 친구의 입에 귀를 최대한 바짝 대어도 잘 들리지 않았습니다. 선생님들은 수업 중 몇 번이고 "목소리를 조금 더 크게 해 주세요"라고 부탁해야 했습니다. 그러나 그 친구의 목소리는 좀처럼 커지지 않았습니다. 그렇게 몇 달을 지난 후 문득 그 친구의 목소리가 너무나 커져 있다는 것을 발견하고 선생님들 모두가 기뻐했습니다.

한 친구는 영어단어들이 너무 외워지지 않고 영어를 배우는 것이 힘들어 속이 상해 눈물을 종종 흘릴 때가 있었습니다. 같이 시작한 친구들은 훨씬 앞서가니 마음이 매우 어려웠을 것입니다. 그때마다 선생님들은 "천천히 해도 괜찮아. 선생님은 네가 열심히만 해 주면 아주 만족해"라며 격려하면서 기다렸더니 이제 그 누구보다 당당한 목소리로 수업하는 모습을 볼 수 있어 흐뭇합니다.

먼저 인사를 해도 받아주지 않을 뿐만 아니라 영어를 너무 싫어해 교실에 데려오는 것이 큰 숙제였던 친구가 있었습니다. 그러니 수업을 진행하기는 얼마나 어려웠을지 상상이 될 것입니다.

몇 년이 지나니 이 친구가 찾으러 가지 않아도 스스로 와서 수업하고 종종 선생님들이 먼저 인사하기 전에 밝은 목소리로 "안녕히 계세요" 하며 교실을 나갈 때는 절로 미소가 지어집니다. 그리고 이 친구는 지금 영어도 잘하고 우리 선생님들의 자랑이 됐습니다.

이러한 기다림은 아직 끝나지 않았습니다. 어떤 기다림은 수십 년이 걸릴 것입니다. 그러나 영어스쿨이 사랑이 꽃피는 공동체의 품 안에 있기에 이 사랑의 기다림은 연속성을 가질 것이고 많은 다음 세대들을 변화시킬 것입니다. 그리고 그들은 또 다른 사람들을 기도하며 기다려 주는 사람들로 성장해 갈 것입니다.

하나님이 모든 것을 하셨고 또 앞으로도 모든 것을 이루실 것입니다. 감사합니다.

# 아이의 성장과 변화를 기다려주는 곳

이언정 교사

안녕하세요. 방과후 영어스쿨에서 2년째 교사로 섬기고 있는 이언정이라고 합니다. 저는 아이가 초등학교에 입학할 무렵, 진량으로 이사오게 됐습니다. 편리한 생활권은 아니지만 이곳에서 아이들이 건강하게 자라기를 기대했습니다. 이사한 이후, 큰아이가 초등학교에 입학하게 되고 자연스럽게 교회 방과 후에 보내게 되면서 저도 영어스쿨에서 섬기게 됐습니다.

처음에는 나의 지식으로 아이들을 어떻게 가르칠 수 있을지 고민했습니다. 초등학생들을 만날 기회도 없었고 무슨 어려움이 있는지, 어느 정도의 학습을 하고 있는지 잘 알지 못했기 때문입니다. 나의 학창시절과 다른, 지금의 아이들을 대하는 것이 두렵기도 했습니다.

처음에는 탁월한 교수법이나 시스템이 더 중요하다는 생각을 했습니다. 하지만 막상 수업을 시작해보니 꾸준히 잘하는 아이도 있지만 배움이 느린 아이도 있었고, 공부 외에 다른 것에 탁월한 재능을 보이는 아이도 있었습니다. 배움의 시기와 속도는 아이마다 다르다는 것을 가장 많이 깨달았습니다.

영어는 과목의 특성상 꾸준히 매일 반복하고 연습해야 합니다. 이 과정에서 배우는 즐거움과 흥미를 잃지 않는 것이 중요합니다. 어떻게 하면 즐겁게 배울 수 있을지 고민하기 시작했습니다. 어려운 공부가 아니라 다른 문화에 사는 사람들과 자유롭게 소통할 수 있는 도구라는 것을 가르치고 싶었습니다. 그래서 한 명 한 명의 눈높이에 맞추고자 힘썼습니다. 그리고 함께 계신 선생님들을 통해 아이들과 소통하는 법도 배웠습니다. 이곳의 수업 과정은 영어 자체의 실력을 높이기 위한 것이다 보니 자연스럽게 학습적인 강요는 하지 않게 됐습니다.

초등학생 때의 영어는 짧은 문장부터 긴 문장까지 단계별로 소리 내어 학습하는 방법이 가장 좋습니다. 하지만 반드시 원어민의 소리를 들으며 발음과 글자를 매칭시켜 읽어야 합니다. 흉내를 내어 읽기를 하면 학습효과가 더욱 높아집니다.

이렇게 배운 아이들은 영어라는 언어의 구조를 자동적으로 익히게 되며 의미 단위로 생각하고 말할 수 있게 됩니다.

이 과정을 매일 반복하면 엄청난 영어 실력의 기초를 다질 수 있습니다. 이 모든 과정을 방과 후 영어스쿨에서 하고 있다니 정말 놀라운 일입니다.

지금 당장 아이의 성적이 눈에 띄지 않더라도 문장을 이해하고 말할 수 있는 기본실력을 갖출 수 있으며, 스스로 영어를 배워야 할 시기에 이 과정은 엄청난 밑거름이 될 것으로 생각합니다. 만약 영어스쿨이 학교성적을 위한 수업이라면 이런 시스템을 구성할 수 없었을 것입니다.

우리나라는 1970년대 이후, 성장이라는 목표를 두고 성공과 성취를 향해 치열하게 달려왔습니다. 그래서 한국은 오늘날 경제와 문화 그리고 과학기술 등 많은 분야에서 선진국이 됐습니다. 하지만 지금 우리나라의 과도한 경쟁 교육은 아이들에게 사람의 가치가 경쟁의 결과에 달려있다는 왜곡된 신념을 심어줍니다. 이런 교육은 '다른 사람보다 내가 잘해야 해', '잘 해내지 못하면 나는 가치 없는 사람이야'라는 생각을 하도록 합니다.

주입식 교육 속에서 통제받는 아이들에게 방과 후 교실의 활동과 수업환경은 배움과 성장에 있어서 아이들의 자존감을 높여주며, 자신의 문제를 주도적으로 해결하는 힘을 기른다고 생각합니다. 물론 아이들에게 일어나는 모든 문제를 교회공동체 안에서 마법처럼 해결할 수는 없습니다. 하지만 이곳에서 적어도 몇 년 이상 함께 성장한 아이들은 관계 안에서 일어나는 갈등을 자연스럽게 해결할 줄 알게 되고 나와 다른 사람들을 이해하는 방법도 배울 수 있다고 생각합니다.

영어스쿨에서 2년 가까이 섬기는 동안, 아이들이 변화하는 모습을 눈으로 보며 건강하게 성장할 모습을 기대할 수 있도록 해주셔서 감사합니다. 아이들을 더 깊이 사랑하는 마음을 갖게 해주셔서 감사합니다. 한 아이의 성장과 변화를 기다려주는 것이 쉬운 일은 아닙니다. 본질적인 교육을 위해 많은 것을 뒤로하고 이곳을 가장 우선순위로 섬기시는 모든 방과 후 선생님들의 손길에 감사드립니다.

# 한 아이의 교육을 위해
# 교회 전체의 헌신이 필요하다

### 서우석 목사

중등방과후학교를 시작한 건 초등방과후 졸업생들이 중학교 진학 후 학원을 전전하는 것을 보았기 때문입니다. 학창시절을 즐겁고 건강하게 보내길 바라는 마음으로 시작한 초등방과후학교였는데 졸업 후 다시 학원을 돌며 시간을 보냈습니다. 성적으로 평가 받고 너무 긴시간 수업에 노출되는 청소년들을 구한다는 마음으로 중등방과후학교를 시작했습니다. 중등방과후의 고민은 항상 두 마리 토끼에 있었습니다. 효과적으로 교과목 공부를 돕는 동시에 학생들을 어떻게 즐겁게 해주냐가 저희 관심이었습니다. 하지만 교회로서는 학업에 대한 전문성이 부족했습니다. 준비과정에 하나님의 도우심이 있었습니다.

수학, 과학 학원을 운영하는 반지연 집사님과 글쓰기와 책읽기 학원을 운영하는 박현숙 집사님의 도움이 컸습니다. 굳이 이름을 언급하는 것은 두 분이 봉사로 이 사역을 수년간 함께 해주시기 때문입니다. 수학, 과학, 영어, 사회 전공했던 대학생들에게도 정말 감사합니다. 일반 과외비용에 많이 못 미치는 장학금을 받으며 봉사한 선생님들이 많습니다. 그 외에도 체육수업, 요리수업, 농사, 역사수업 등을 도운 청년들도 많습니다. 그렇게 긴 시간 학생들과 호흡해준 많은 교사가 있습니다. 그들이 있어서 이 사역이 가능했고 앞으로도 가능할 것입니다.

이제는 좀 더 정비되어 여러 선생님이 학생들을 지도합니다. 그리고 한가지 빼놓을 수 없는 감사는 학생들과 학부형들에게 하는 감사입니다. 전혀 준비되어 있지 않은 사역에 자녀들을 맡기는 것은 신앙 말고는 해석이 불가합니다. 많은 학생이 오르지 않는 성적을 감수하고 함께 해주었기 때문에 어느덧 7년 넘게 이 사역이 지속되고 있습니다. 학부모님들은 매일 등하교 운행까지 책임져 주십니다. 그러고 보면 우리 교회 모두가 자녀들을 함께 기르고 있는 셈입니다.

첫 3년은 학생들과 역사 수업을 진행하고 그 내용 중 한 도시를 정해서 여행을 떠나는 역사기행 프로그램을 진행했습니다. 저예산으로 여행하는 것이라 힘든 적도 많았는데, 되돌려 보면 그때 방문한 경주, 서울, 부산, 광주, 제주도까지… 각 지역을 돌며 웃고 고생하며 함께 보낸 시간이 참 기억에 남습니다.

이후에도 구예찬 전도사님이 더욱 훌륭하게 사역을 진행합니다. 더 좋은 파트너들이 많습니다. 저희 아이들도 안심하고 초-중등 방과후 학교에서 행복하게 뛰어놀 일을 생각하면 마음이 좋습니다. 한 아이를 교육하려면 마을 전체가 필요하다는 말을 기억합니다. 자녀들의 교육을 위해 온 교회가 더불어 걸어가 보겠습니다.

중등방과후학교 시즌 2

# 바른 태도와 따뜻한 마음으로!

구예찬 전도사

바르고 따뜻한 청소년을 길러내자! 중등방과후의 목표는 성적 향상에 있지 않습니다. 우리는 바른 태도를 가진 청소년, 따뜻한 마음을 가진 청소년을 만들고자 합니다. 어떻게 그렇게 할 수 있을까요?

바른 태도를 가진 청소년을 길러내기 위해 우선 수업 태도를 교육하고 있습니다. 수업 태도는 단순합니다. 숙제를 내주면 숙제를 합니다. 수업이 시작하면 수업을 듣고, 쉬는 시간에는 쉽니다.

아주 단순해 보이는 이것이 잘 안되는 시기가 청소년기인 것 같습니다. 그래서 중등방과후에서는 마치 운동을 처음 배우는 사람에게 바른 자세와 기초 체력 훈련을 하듯이 기본적인 학업 태도와 능력을 훈련해주고 있습니다.

공부뿐만 아니라 다른 사람을 대하는 바른 태도를 교육합니다. 선생님과 부모님을 대하는 바른 태도, 또래 공동체 안에서의 바른 태도를 가르칩니다.

매너 혹은 예절이 사람을 사람답게 하는 사회적인 언어입니다. 또한 버릇없는 소위 '요즘 애들'은 심성이 나빠서가 아니라 단지 매너 있는 행동을 배운 적이 없어서 그렇게 보이는 것이라고 믿습니다.

놀랍게도 이 친구들은 정말 모릅니다. 어른을 만나면 먼저 인사해야 한다는 것도 차에서 내릴 때는 태워주신 분께 감사하다고 해야 한다는 것을 모릅니다. 그렇게 하기 싫어서 안 하는 것이 아니라 몰라서 못 한다는 뜻입니다. 중등방과후에서는 이런 기초적인 사회의 언어들을 반복해서 가르치고 훈련하고 있습니다.

마음이 따뜻한 청소년들로 만들기 위해서는 상담 선생님을 두고 개인 상담과 집단 상담을 진행했습니다. 청소년기 아이들은 사실 자기 자신도 자신이 왜 이렇게 행동하는지 모르는 혼란스러운 마음 상태를 가지고 있습니다.

우리가 그 시기를 빨리 감기 하듯이 끝내줄 수 있는 것은 아니지만 적어도 그 혼란스럽고 힘겨운 마음을 적절하게 표현하는 법을 알려주는 것이 우리의 목표입니다.

슬픔을 짜증이나 분노로 표현하지 않고 슬픔으로 표현하도록, 기쁜 것은 산만함이나 충동적인 행동이 아니라 기쁨으로 표현하도록 하는 것입니다. 그리고 혼란스러울 때는 그 마음을 천천히 실타래 풀 듯이 말로 설명해내는 청소년들이 되길 바라며 가르치고 있습니다.

이 모든 교육을 위해 교사들뿐만 아니라 부모님의 역할이 정말 중요합니다. 부모의 변화가 자녀들의 변화로 이어집니다. 이를 위해 학기

마다 부모님들과 함께 청소년기 자녀 양육에 대한 독서 모임을 진행하고 있습니다.

더 나은 부모가 되려 애쓰는 부모님들이 계시기 때문에 우리 중등 방과후 학생들에게는 분명 소망이 있습니다. 부모님이 기도와 독서를 통해 전인격적 성숙을 이루어 가면서 자녀들 또한 변화하고 성장할 것입니다.

영어캠프

# 낯선 언어로 만들어내는 사랑의 공동체

구웅 목사

사랑이꽃피는교회는 2011년도부터 여름과 겨울 두 차례에 걸쳐 영어캠프 사역을 진행해 오고 있습니다. 이 사역은 한국 각지에서 영어캠프 사역을 돕고 계신 한국계 미국인 강미영(Miyoung Maguire) 선생님을 초청하여 진행하는 사역입니다.

초등학생부터 중학생까지의 교회 내, 외부 학생들 가운데에서 참가자를 지원받습니다. 교사는 강미영 선생님이 미국에서 함께 모셔온 원어민 선생님들이 맡아주시고, 사랑이꽃피는교회 청년들 가운데 자원하는 사람들이 보조교사로 섬겨주십니다.

영어캠프 사역은 여름 사역과 겨울 사역으로 나뉩니다. 여름과 겨울 초, 중학교가 방학하는 시기에 맞춰 영어캠프를 진행합니다. 사역 상황에 따라 다르지만 여름의 경우 4박 5일간 모여서 캠프를 진행하고 겨울의 경우 2주간 영어 뮤지컬을 배우고 마지막 날 저녁에 그간 배운 뮤지컬을 공연하는 시간을 가집니다.

먼저 여름 영어캠프의 경우 학생들이 교회에 모여서 함께 자고, 선생님과 보조 선생님들도 4박 5일간 함께 지냅니다. 캠프를 위해서 교회 집사님과 권사님들이 조를 짜서 점심과 저녁 식사를 준비해 주시고 아침 식사의 경우는 선생님과 보조 선생님들이 간단한 아침식사를 준비해 아침 운동 이후 다 같이 식사를 합니다.

아침을 먹고 주 집회장에 모여 영어 찬양과 율동을 함께 하면서 하루 일정을 시작합니다. 그렇게 온종일 아이들은 영어를 소재로 한 여러 가지 내용을 배웁니다.

원어민 선생님들이 수업을 준비해 주시고 보조교사들은 각 수업에 들어가서 선생님들의 보조 역할을 맡고 아이들을 케어하고 때로 간단한 통역을 하게 됩니다. 이렇게 캠프 기간에 아이들은 함께 놀고 함께 공부하고 함께 먹고 함께 자면서 좋은 추억들을 쌓습니다. 특히 백미는 마지막 밤에 모여서 하는 특별 활동입니다. 이때 캠프에서 캠프파이어와 재미있는 레크레이션을 준비하여 즐겁게 노는 시간을 가집니다.

특히 여름 영어캠프의 경우 2019년도부터 강미영 선생님의 지도를 받아온 사랑이꽃피는교회 청년들이 자체적으로 진행해 오고 있습니다. 보조교사로 참여하던 청년들이 클래스를 맡고 캠프에 학생으로 참여했던 초, 중학생들이 어느새 자라서 보조교사로 참여하면서 영어캠프를 진행합니다. 교회에서는 그 위에 우리 지역에서 영어 원어민 교사들을 초빙하여 함께 영어캠프를 만들어 가고 있습니다.

다음으로 겨울 영어캠프의 경우 영어 뮤지컬을 준비합니다. 이 뮤지컬 준비를 위해서는 많은 시간이 필요하므로 5일간 진행하는 여름보다 긴 2주간 영어캠프를 진행합니다. 그리고 학생들은 아침에 등원했다가 오후에 연습을 마치고 하원 합니다. 선생님과 보조교사들은 학생들보다 먼저 교회에 와 학생들을 맞이할 준비를 하고 학생들이 귀가하고 나면 회의 시간을 갖고 귀가합니다.

겨울 캠프를 위해서도 집사님과 권사님들이 조를 짜서 점심 식사와 간식을 매번 준비해 주십니다. 이 일정 동안에 아이들은 성경 이야기나 성경을 주제로 한 뮤지컬을 배우고 연습합니다. 학년별로 뮤지컬에서 맡을 넘버들을 정해서 교사와 보조교사 선생님들이 넘버들을 연습하도록 지도합니다.

처음에는 영어로 노래하고 춤추는 것을 어색해하던 아이들도 2주간 원어민 선생님, 보조교사로 섬기는 교회 언니 오빠, 형 누나들과 함께 뮤지컬 노래들을 계속 부르다 보면 어느새 스스로 흥얼거리기 시작합니다. 이렇게 열심히 준비한 것을 마지막 날인 금요일 밤에 교회 앞에서 공연합니다. 아이들은 이렇게 또 잊지 못할 추억을 하나 더 쌓아갑니다.

사랑이꽃피는교회 영어캠프 사역은 두 가지 목표를 가지고 있습니다.

첫 번째 목표는 다음 세대의 공동체성을 강화하는 것입니다.
초등학생과 중학생들이 여름과 겨울에 모여서 함께 놀고 먹고 자고 공부하고, 울고 웃으면서 잊지 못할 추억을 만듭니다. 이를 통해 우리 교회 다음 세대는 아름다운 추억 안에 하나가 됩니다. 그리고 아이들뿐만이 아니라 이 사역을 주도하고 섬기는 보조교사 역시 마찬가지입니다. 아이들을 위해 귀중한 대학교 방학 시간을 5일간, 2주간 헌신하는 시간을 통해 보조교사 역시 또 한걸음 성장하게 됩니다.

두 번째 목표는 사랑이꽃피는교회 다음 세대가 다른 문화를 이해하고 그들과 소통할 수 있는 그리스도인으로 자라나는 것입니다.

영어가 학교에서 배우는 딱딱한 과목이 아니라 내가 알지 못했던 사람과 소통하는 수단이 될 수 있다는 사실을 아이들이 깨닫게 되면 아이들의 시야는 넓어집니다.

아이들은 원어민 선생님과 만나고 영어를 배우면서 세상에 다양한 나라, 언어, 문화가 있다는 것, 그리고 그것이 우리와 가까이 있다는 것을 알게 됩니다. 그렇게 영어캠프를 경험한 학생들은 다양한 문화에 대해 열린 마음을 갖게 됩니다. 더 나아가 그 다양한 문화를 향해 하나님의 복음을 선포할 수 있는 하나님의 자녀로 자라가게 됩니다.

# 하나님 안에 한 가족 된 우리

### 강미영(Miyoung Maguire) 영어캠프 디렉터

사랑이꽃피는교회는 old 하지만 young 하고, 조용하지만 에너지가 넘치고, 부끄러워하는 줄 알았지만 겸손함이었습니다. 말 그대로 사랑이 피어나는 교회입니다.

처음 교회 이름을 들었을 때 '무슨 이름이 이렇게 old하고 촌스럽지'라고 생각했습니다. 하지만 이 교회에서 다음 세대를 생각하시는 목사님의 열정과 비전을 보았습니다. 다음 세대에게 영어에 대한 두려움을 없애고 보다 좋은 미래를 위해 영어캠프를 지속해서 추진하는 아주 young한 마인드의 교회였습니다.

담당 사역자와 대학생들을 만나서 영어캠프를 계획할 때 너무 조용해서 큰일 났다고 생각했습니다. 이렇게 하다가 찬양도 크게 못 할 거 같고 아이들 컨트롤을 어떻게 하나 너무 걱정했지요. 하지만 나의 걱정은 에너지 넘치는 큰소리로 찬양하는 그들의 목소리에 부서져 녹아내리고 말았습니다.

영어의 부끄럼이 많아서 원어민에게 제대로 대화도 못 했던 학생들은 미국에서 온 한국 입양아 원어민 선생님에게 서슴없이 다가가 말도 걸어 주고 안아주고 사랑을 넘치게 보듬어 줌으로써 우리 선생님들은 눈물을 흘리며 '사랑한다고 그리고 한국에서 살고 싶다고, 미국에 돌아가고 싶지 않다'라고 저에게 속마음을 털어놓았습니다.

우리 한국 입양아 선생님은 이 나라가 자기를 버렸다고 생각했지만 영어캠프 학생들을 통해 자기를 보듬어 안아주고 마음속 깊은 상처들이 힐링한 것 같아서 너무 좋았다고 합니다.

원어민 선생님 중에 교포 2세들과 입양아 선생님들은 처음에 한국에 올 때 자랑스러운 미국인으로 왔지만 미국으로 다시 돌아갈 때는 자랑스러운 한국 사람이 되어 돌아갔습니다. 이거다 싶었습니다. 원어민 선생님 중에 한국을 오고 싶어 하는 크리스천이 아닌 선생님들을 모시고 온 적도 있습니다. 그들은 교회 사랑에 감동하여 하나님을 더욱 알고 싶어 했고 교회의 많은 분과 더 깊은 크리스천 관계를 맺을 수 있게 됐습니다. 이것이 바로 'reverse ministry'(역선교)입니다.

3년에 긴 코로나바이러스 시간을 지나서 이제 다시 한국에 돌아가려고 준비하는 저의 마음은 파란 하늘 위에 있는 구름처럼 붕 떠 있습니다. 하나님께서 이번엔 또다시 어떤 멋진 사역을 사랑이꽃피는교회를 통하여 저희에게 보여 주실까요. 한국 문화도 미국 문화도 아닌 크리스천의 문화로써 나의 사랑도 우리의 사랑도 아닌 주님의 사랑으로 사랑이꽃피는교회를 가족처럼 사랑합니다.

**영어캠프**

# 무조건적인 사랑

안젤라(Angela) 교사

The church (name) is such a beautiful, welcoming place for anyone to come to regardless of who they are or where they come from.

I had the blessing to visit your church three times and was welcomed with open arms, delicious food and lots of love.

I will never forget the generosity, moving sermons and the amount of unconditional love my church family gave me. Coming to Korea and teaching your children is one of the greatest blessings God has given me. I will always have a special place in my heart for all of you. I thank Miyoung for bringing us all together and I pray that we can all meet together again soon. I love all of you, please stay safe, happy and healthy. God bless you.

사랑이꽃피는교회는 그가 누구든지 어디에서 어떤 모양으로 살았든지 상관없이 아름답게 환영해 주는 교회였습니다.

저는 사랑이꽃피는교회를 세 번 방문했습니다. 제가 갈 때마다 사랑이꽃피는교회 성도님들은 항상 맛있는 음식과 사랑으로 두 팔을 벌려서 저를 환영하고 축복해 주셨습니다.

저에게 베풀어주신 관대함과 감동적인 설교 그리고 교회 가족들이 저에게 보여주신 무조건적인 사랑을 절대 잊혀지지가 않습니다.

제가 한국에 가서 학생들과 같이 생활하며 그들에게 하나님 말씀을 영어를 통해 가르칠 수 있었던 것은 저에게 하나님께서 주신 가장 큰 축복 중 하나였습니다.

사랑이꽃피는교회는 항상 내 마음 깊은 곳, 아주 특별한 곳에 자리잡고 있습니다. 저에게 한국에 가는 기회를 준 미영 선생님께 항상 감사드립니다.

여러분 사랑합니다. 항상 건강하시고 안전하시고 하나님의 축복이 가득하기를 기도하겠습니다.

(번역 강미영)

## 처치홈스쿨

# 세상에서 가장 진한 사랑이 꽃피는 처치홈스쿨

교감 방종극 목사

시작 배경

자녀의 홈스쿨에 대해 알아보던 중 구빈건 목사의 소개로 2022년 1월에 김해 모든민족교회(고신)를 방문한 적이 있었습니다. 한국에서 처치홈스쿨을 운영하는 이송용 선교사가 부모들을 위한 특강을 한다는 소식을 듣게 되어 모든민족교회를 찾아간 것입니다.

특강 후에 자녀의 홈스쿨과 관련해 개인 면담을 하였지만 어떤 결정도 못했습니다. 그리고 7개월 후에 처치홈스쿨이 강조하는 부모와 자녀훈련이 가정을 매우 건강하게 세운다는 것을 직접 확인한 구빈건 목사는 사랑이꽃피는교회에서 처치홈스쿨을 하기로 결정했습니다.

시작 전 부모훈련

처치홈스쿨을 하기 위해서는 일반적으로 부모들이 처치홈스쿨 관계자들의 강의를 들어야 합니다. 당시는 '코로나'라는 특수상황이었으나 다행히 관계자들의 수고와 헌신으로 인터넷을 통해 영상 강의를 들을 수 있게 됐습니다.

2021년 가을과 2022년 봄에 참여 희망 부모들은 부모훈련 강의에 대해 듣는 시간을 가졌으며 2022년 봄에는 강의를 듣고 함께 토론하는 시간을 가졌습니다.

부모훈련 영상은 크게 성경에서 말하는 부모의 역할과 부부관계 그리고 성경에서 말하는 자녀 양육에 관한 내용입니다. 내용은 부모가 부부관계와 자녀 양육에 대해 적용하기에 매우 구체적인 내용으로 구성되어 있었습니다.

부모훈련을 받으면서 부모들은 자신의 부모 됨과 부부관계 및 자녀 양육에 관한 많은 깨달음을 얻었으며 구체적으로 자신의 가정에 적용할 수 있었습니다.


### 사랑이꽃피는교회 처치홈스쿨 이야기

사랑이꽃피는교회 처치홈스쿨(Church Home School)은 2022년 6월 4일에 4가정 16명으로 개교예배를 드렸습니다(구빈건 목사 가정, 방종극 목사 가정, 김한주 집사 가정, 윤선영 집사 가정). 다음 세대를 건강하게 세워가기 위하여 성경적인 건강한 가정을 세우는 운동을 시작하게 된 것입니다.

사랑이꽃피는교회 처치홈스쿨은 처치스쿨과 홈스쿨로 모입니다. 처치스쿨은 주중(화, 수요일)에 교회에서 모이고 나머지는 홈스쿨로

각 가정에서 모입니다. 주중 처치스쿨의 교육은 어머니들이 진행합니다. 이때 어머니들은 체조 및 성경 읽기, 교육 및 맛있는 점심 식사를 준비합니다. 아버지들은 주말 토요일에 시간을 내어 자녀들과 함께 다양한 운동을 하며 시간을 보냅니다.

또한 처치홈스쿨은 매 학기 모든 가족이 함께 엠티를 갑니다. 얼마 전 2023년 6월 말에는 8가정이 거제 음식 캠프에 참여하여 음식 체험과 건강한 식습관에 대한 강의를 들었습니다.

개교 후 현재(2023, 7.27) 사랑이꽃피는교회 처치홈스쿨은 11가정 44명이 참여하고 있습니다. 2살부터 19살에 이르기까지 연령대도 다양합니다.

사랑이꽃피는 처치홈스쿨의 부모들은 성경에서 말하는 가정을 세우는 일에 변화를 경험하고 있습니다. 처치홈스쿨에서는 부모로서 그리고 부부관계에서 그리고 양육에서 자녀의 변화를 경험하고 있습니다. 앞으로 처치홈스쿨을 통해서 더욱 성경적인 자녀들로 성장하기를 기대하고 있습니다. 많은 부모님과 학생들이 이 꿈을 함께 꾸기를 바랍니다.

처치홈스쿨

# 처치홈스쿨로 세워가는 가정

### 시온, 이든, 솔 엄마 신채은 집사

저는 결혼 전부터 아이들을 하나님의 가치에 반대되는 세상 교육보다는 기독교 교육기관이나 대안학교에 보내어 성경적 가치관을 가진 아이로 양육하고 싶었습니다. 감사하게도 하나님께서는 같은 가치관을 가진 남편을 만나 가정을 이루게 하셨고 사랑이꽃피는교회에 정착하게 됐습니다.

사실 처치홈스쿨을 시작하기 전에 제가 원하던 기독교 유치원을 찾았습니다. 7세까지 이곳에 다니다가 학교 갈 나이가 되면 또 막 태어난 둘째가 좀 자라서 육아하는 것이 좀 수월해지면 교회에서 하는 처치홈스쿨을 같이 해볼까 하는 마음이었습니다. 그러던 어느 날 처치홈스쿨의 이송용 선교사님이 금요기도회에 오셔서 "아이들의 오늘은 다시 오지 않는다"라고 하신 말씀에 동의되어 2023년 2월. 5세 반을 마치자마자 처치홈스쿨의 길로 들어서셨습니다.

처치홈스쿨을 반년 동안 해오면서 감사한 일들 가운데 하나는 아이들과 함께 시간을 보낼 수 있다는 것이었습니다. 사실 어린아이 둘을 하루 세 번 밥 해먹이면서 24시간을 함께하기가 정말 쉽지 않았습니다. 그러나 밥보다 중요한 것이 있다는 생각 때문에 할 수 있었습니다.

시온이는 엄마 아빠와 함께하는 시간이 많아지면서 요즘 엄마 아빠의 인생에 개입하시고 인도하시는 하나님 이야기를 옆에서 듣는 경우가 많아졌습니다. 그런 이야기를 듣고는 하나님께 함께 감사하고 찬양하며, 그런 하나님이 나에게는 어떤 계획을 가지고 계실까 기대하는 것을 볼 수 있었습니다.

다른 하나는 자유로운 시간이 많아지면서 아이 스스로가 배우고 싶은 것들을 찾아내는 것을 관찰할 수 있었습니다. 해야만 하는 것이 아니고 시켜서 하는 것이 아니고 배우고 싶고 궁금해서 시작하는 일들이 생겨났습니다. 그래서 그런지 배우는 것을 아주 재미있어합니다.

아이를 관찰하는 시간이 많아지면서 아이가 잘하는 것이 무엇인지 언제 도와주는 것이 좋은지를 알 수 있게 됐습니다. 이렇게 아이들과 함께하는 시간을 통해 아이들이 하나님을 알아가고 또 부모로서 아이들의 독특한 필요를 채울 수 있게 되어 정말 감사합니다.

저에게 처치홈스쿨을 할 수 있도록 좋은 공동체와 사랑하는 아이들과 같은 곳을 바라보며 나아가는 남편을 주신 하나님께 모든 감사와 영광을 돌립니다.

# 처치홈스쿨이 변화시킨 '나'

### 중고등부 방현서 학생

저는 올해 19살입니다. 저는 고등학교에 진학하지 않고 1년의 시간을 보냈습니다. 처치홈스쿨에 참여한 지 어느덧 1년이 조금 넘어갑니다. 이번 2023년 1학기를 마치면서 그동안 처치홈스쿨이 저에게 주었던 감사들을 나누려고 합니다.

처치홈스쿨을 하면서 감사했던 것은 다양한 연령대에 어린 친구들과 저보다 나이가 많은 엄마선생님들과 교제하고 시간을 보낼 수 있었던 것입니다. 이렇게 다양한 연령대가 함께 지속적으로 시간을 보낸다는 것은 처치홈스쿨이 아니고서 '이런 공동체가 있을까?'라는 생각이 들었습니다.

어린아이들의 깨끗함과 순수함 또 죄성들을 가까이서 동시에 보고 느끼며 저도 더 성장할 수 있었습니다. 또 엄마선생님들의 연륜과 지혜를 보며 배울 점도 많이 있었습니다.

두 번째로 아이들의 변화를 제 눈으로 보고 느낄 수 있었다는 것입니다. 처치홈스쿨을 하면서 좋아진 아이들이 너무 많고 또 시간이 갈수록 수업 시간에 태도와 실력이 점점 좋아지는 것을 보고 친구들의 미래를 더 기대할 수 있는 점이 좋았습니다.

세 번째로 엄마선생님들의 수고를 제 눈으로 보는 것입니다. 아이들을 정해진 시간에 데려오는 것만으로도 힘들고 그냥 집에서 같이 있어도 힘든데 더 쉬운 길이 있음에도 불구하고 이 처치홈스쿨의 길을 선택하시고 아이들과 시간을 보내고 수업도 준비하시고 밥도 직접 해주시는 엄마선생님들의 수고를 가까이서 보는 것이 저에게 많은 귀감이 되기도 했습니다.

조금 힘들었던 점은 홈스쿨을 할 때 가족들과 너무 오랜 시간 같이 있다 보니까 쉴 시간도 많이 없고 또 모든 걸 같이 하다 보니 다른 사람의 감정 상태에 많이 동요되는 것이었습니다. 저는 그러지 못했지만 자신이 독립적인 성격을 지니고 있다면 조금은 덜 힘들 것 같기도 합니다.

처치홈스쿨을 하면서 있었던 저 자신의 변화는 일단 제가 집에 있으면서 '사람이 이렇게 게으르고 나태할 수 있나!' 싶은 시간이 있었는데 제 계획 속에 없는 계획이 주어질 때 정말 제가 얼마나 게으르고 또 쉽게 불순종하고 사소한 것에도 화가 나는 저의 본성과 나약함을 더 확실하게 깨달을 수 있었습니다. 그런데 신기하게도 저의 나약함을 인정하고 '내가 아무것도 할 수 없다'라는 것을 깨달을 때 하나님께 기도하게 되었고 또 저의 기도에 응답하시는 하나님을 경험할 수 있었습니다.

홈스쿨을 하면서 또 정말 좋은 것은 언제든지 기도의 자리로 나아갈 수 있다는 것입니다. 또 가족들과의 관계도 매우 좋아졌습니다. 신기하게도 서로의 나약함을 인정하고 나아갈 때 우리는 서로를 더 존경하고 존중할 수 있었습니다.

제가 17살 때부터 18살 1학기까지는 처치홈스쿨을 하지 않았는데 사실 그때는 조금 외로웠습니다. 정말 친구가 단 한 명도 없어서 힘들었는데 하나님께서 저를 만나주시고 친구가 한 명도 없는데도 저에게는 기쁨이 넘쳐났고 또 처치홈스쿨이라는 공동체도 주셨습니다. 그래서 지금 제 안에는 더 감사와 기쁨과 평안으로 가득합니다.

마지막으로 지금 처치홈스쿨을 함께하고 있거나 앞으로 경험할 동생들에게 해주고 싶은 말은 나중에 이 길을 후회하고 또 이 길을 선택한 부모님을 향해 원망의 마음이 들기도 하겠지만 하나님은 절대 실수하지 않으시고 또 우리에게 필요한 것을 제일 잘 아십니다. 앞으로도 포기하지 않고 모두가 하나님의 계획 아래 감사하며 처치홈스쿨을 성실히 했으면 좋겠습니다. 감사합니다.

# 처치홈스쿨

# 4부

# 세상을
# 꽃피우는 교회

# 이웃집 할머니가 우리 할머니가 되기까지

### 서우석 목사

사랑이꽃피는봉사단은 2015년 9월 처음으로 시작했습니다. 기독교의 불문율(마 7:12)을 설교했을 때였던 것 같습니다. 교회 내의 나이드신 어르신들이 외로움과 낙후된 난방시설로 어려움에 있다는 사실을 듣고 청소년부가 해야 할 일이라고 생각했습니다.

담임목사님께서 교역자 회의에서 교회에 다니지 않는 교회 밖의 어르신들도 돌보자고 제안하셨습니다. 생각해보니 세상이 교회를 욕한다고 걱정만 했지 세상에 무엇인가 베푼 경험이 별로 없다는 것을 생각했습니다. 그렇게 10여 명의 청년, 10여 명의 청소년이 모여 사랑이꽃피는봉사단을 시작했습니다.

part1. 독거노인 반찬봉사

봉사단의 첫 사역은 10명의 독거노인 어르신들을 찾아뵙고 1~2시간 놀거나 간단한 봉사를 하는 사역이었습니다. 처음엔 동네 이장님과 교회 성도들 그리고 여러 주민의 추천을 받았습니다. 그리고 방문해서 상담한 뒤 어르신들이 허락한 집부터 방문을 시작했습니다.

매주 토요일마다 교회 집사님과 권사님들이 반찬을 준비해 주셨습니다. 청년 2~3명과 청소년 1~2명으로 팀을 꾸렸습니다. 매주 토요일 오후 1~4시까지 시간이 되는 친구들이 모여 어르신 댁을 방문하기 시작했습니다.

처음에는 우여곡절이 많았습니다. 어르신들과 사소한 오해도 있었고, 쉽지 않은 시간이었습니다. 그러나 3~4년 동안 한주도 빠지지 않고 어르신들을 방문했을 때 저희는 어느덧 어르신들의 손주가 되어 있었습니다. 이제는 처음 시작했던 어르신 중 많은 분이 돌아가셨습니다. 어르신들 장례식에 참여해서 조문하고 장지까지 찾아가는 저희 청년들을 보며 이 사역을 정말 잘했다고 생각했습니다.

현재의 반찬봉사는 시즌2의 느낌입니다. 제가 5년여 함께했고 이제는 다른 팀장이 맡아 진행합니다. 팀장이 바뀐 뒤에도 계속해서 사역이 잘 진행되는 걸 보니 가치를 따라 살자고 가르친 가르침이 유효한 것 같아 힘이 납니다.

최근에는 중학생들의 참여도 늘었습니다. 팀장이 바꾸면서 더욱 사역이 활기를 띠고 있는 모습을 보면서 다음 리더를 세우고 이임하고 협력하는 것이 중요함을 더욱 느낍니다. 2023년에는 어르신들을 확대하려고 청소년센터인 아지트8-1과 연계하여 운영하는데 교회 다니지 않는 청소년들이 많아지길 기대해 봅니다.

part 2. 그룹홈 아동 돌봄 봉사

그룹홈 봉사의 시작은 아기 엄마들이 진행하던 바자회였습니다. 영아부 사역자인 이소영 전도사님의 주도로 매년 바자회를 열었습니다. 수익금으로 미혼모를 돕고 있었는데 그룹홈이라는 가정형 고아원에 대해서 알게 됐습니다. 반찬봉사의 인원이 고정적으로 운영될 때 저희가 택한 것은 다른 섬김의 자리를 찾기로 했습니다. 둘의 시기가 적절히 맞았고 7명의 그룹홈 아동들과 관계가 시작됐습니다. 사역 팀장은 반찬봉사를 5년 함께한 구예주 청년께 맡겼습니다.

2020년 7월 11일 토요일 낮 그룹홈을 방문해서 7명의 아동과 소풍 및 야외활동을 하는 것으로 시작됐습니다. 그렇게 5~6명의 청년이 매주 그룹홈 아동들과 시간을 보냈습니다. 주변의 소풍이나 체험할 수 있는 대부분 지역을 돌아다녔습니다. 그렇게 1년이 넘게 아이들과 정말 친밀한 관계를 이루었습니다. 1년 여를 사역했을 때 그룹홈 아동들이 그룹홈의 사정으로 다니던 교회를 우리 교회로 옮겼습니다. 우리는 이것이 아이들을 전도하기 위한 목적이 아니었다는 것을 확실히 하기 위해서 이전 다니던 교회에 수차례 양해를 구하기도 했습니다.

그렇게 시간이 흐르다 팀장의 제안이 있었습니다. 22년에는 2명이 성인이 되어 그룹홈을 나갔고 5명의 아동들과 교회 청년부 부부를 매칭해주어 외국의 대부 느낌의 후견인을 만들어 주면 어떨까 하는 제안이었습니다. 역시 새로운 사람들에게 리더십이 이양되어야 새로운 좋은 의견들이 나옵니다.

현재는 한 가정이나 한 팀이 각각 1명의 아동과 결연을 하고 매달 가족 모임을 가집니다. 매주 만나는 일은 없어졌지만 생일이나, 기념일,

학교와 관련된 여러 일을 챙깁니다. 그 가족들이 교회에서도 좀 더 신경을 써서 돌봅니다. 그렇게 우리는 서서히 진짜 가족이 되어 가는 중입니다.

### part 3. 기대

반찬봉사는 8년여 진행됐고 지금도 돌아보는 할머니는 열 분쯤, 반찬을 배달하는 분은 일곱 분입니다. 8년이란 시간 동안 손에 꼽을 만큼만 빠진 친구가 있는데 현재 팀장인 성혜진 청년입니다. 반찬봉사 사역을 함께 하다가 3년전 그룹홈 아동돌봄 팀장으로 사역을 옮겨 봉사하는 구예주 팀장도 마찬가지입니다. 8년여 매주 토요일을 타인을 위해서 사용하는 청년, 청소년들의 가치중심적인 삶의 힘을 믿습니다. 그들이 이루어갈 하나님 나라가 기대되는 까닭입니다.

사역의 지속가능성에 중점을 두고 있는 우리로서는 이임과 이양을 통한 사역의 지속은 아주 중요한 가치이자 방법입니다. 그런 의미에서 사랑이꽃피는봉사단 사역은 중요한 전환점에 있습니다. 두 가지 사역에서 그칠 것인가? 지속해서 세상과 타인을 향한 사랑을 베풀며 걸어갈 것인가? 이는 앞으로의 우리의 결정을 통해 확인될 것입니다.

지난 겨울 대가대, 경일대, 호산대 SFC 대학생들이 '줍길'이라는 이름으로 하양지역 쓰레기 줍는 일을 했습니다. 옆에서 지켜보다 그 일을 우리 봉사단이 이어받기로 했습니다.

주변 대학생들에게 많은 것을 배웠습니다. 날이 따뜻해지는 봄이 오면 학생들과 함께 쓰레기를 주우러 다녀 보겠습니다. 하양과 진량 지역에 성도들이 착한 일을 더 많이 하며 복음을 말하길 기대해 봅니다.

독거노인반찬봉사

# 사랑이 꽃피는 반찬 배달부

성혜진 독거노인반찬봉사 팀장

Intro.

매주 토요일 아침 눈을 뜨면 가장 먼저 봉사단 단체 메신저에 당일 봉사 참여 여부를 묻고 운행을 요청하는 공지를 올립니다 오후 1시 30분이 되면 중학생 1학년 친구부터 청년부 큰형 큰언니들까지 아지트에 함께 모입니다. 다 같이 기도를 하고 각각 어르신들 댁으로 흩어져 시간을 보냅니다.

#1

지금으로부터 약 7년 전쯤 사랑이꽃피는교회는 봉사활동으로 독거노인 반찬배달이 처음 시작됐습니다. 매주 토요일마다 주변 지역에 혼자 사시는 어르신들을 찾아가 반찬을 배달해드리고 1시간가량 함께 시간을 보내고 돌아오는 임무가 주어졌습니다. 당시 30명가량 되는 청소년·청년들 중 5명 정도가 한 그룹을 이루어 여덟 분 내외의 할머니 댁에 각각 방문했습니다.

청년부 언니 오빠들도 어색하고 할머니들도 그저 어색하기만 했던 18살 여고생이었던 저는 남모르게 혼자 몇 주간 쭈뼛쭈뼛 거리며 어색해했던 것들이 기억이 납니다. 그러나 너무나 감사하게도 할머니께서 워낙 저희를 반겨주시고 좋아해 주셔서 금방 가족 같은 분위기로 편하고 즐거운 시간들을 보냈습니다.

명절처럼 할머니와 윷놀이를 하기도 하고 할머니가 좋아하시는 고구마튀김도 해먹고 저희 팀원들과 베스트들도 놀러온 어떤 날은 고기 파티도 하고 할머니 생신 파티도 했습니다.

어떤 팀들은 할머니를 위해 염색을 해드리시기도 하고 대청소를 해드리기도 했습니다. 반찬봉사 팀 전체가 모여 단체로 고스톱 속성 과외를 받고 할머니들과 고스톱을 쳤던 추억도 생각이 납니다.

#2

봉사단을 하면서 어르신들과 함께 하는 시간들 가운데 기쁘고 즐거운 순간들이 대부분이었지만 슬프고 마음 아픈 순간들 또한 함께 있었습니다. 연세가 많으셨던 할머니 할아버지들께서 건강의 악화로 병원에 가시기도 하고 요양원에 가시기도 하셨습니다. 그리고 몇 분은 하늘나라에 가셨습니다.

2019년 겨울, 비전트립을 다녀온 직후 토요일 여느 때와 같이 팀원과 함께 할머니를 만나 뵈러 요양원으로 갔습니다. 어쩐 일인지 할머니 자리에 할머니가 보이시지 않아 안내데스크에 가서 여쭈었는데 할머니께서 며칠 전에 돌아가셨다는 소식을 전해 듣게 됐습니다. 순간 어떻게 해야 할지 모르겠고 너무 당황스럽고 슬펐습니다. 그러나 참 감사했던 한 가지 사실은 비전트립을 떠나기 전 토요일, 할머니와 시간을 보내고 귀가하려던 참에 갑자기 팀원이었던 오빠가 돌아서더니 할머니께 복음을 전해야겠다며 복음을 이야기 하고 기도해드리고 돌아왔었다는 것입니다.

저희는 할머니께서 천국에 가셨는지 아닌지는 알 수 없지만 분명한 것은 3년 동안 저희를 통해 예수님의 사랑을 전하게 하셨다는 사실이며 할머니께 복음을 전하게 하셨다는 사실입니다.


#3

7년이란 시간 동안 많은 어르신들을 만나왔습니다. 저는 어르신들과 소통하는 것을 참 어려워 했던 사람이었는데 오랜 시간 봉사단으로 함께 하다 보니 이제는 어르신들과 대화도 잘하고 능청스럽게 장난도 치곤합니다.

저희를 친손주들처럼 예뻐 해주시고 매주 저희 오기만을 기다리시는 어르신들을 보니 매주 반찬봉사 시간이 기다려집니다. 더 많이 베풀어드리지 못하고 더 많이 시간 보내드리지 못함이 그저 아쉬울 뿐입니다. 그럼에도 불구하고 이렇게 차곡차곡 쌓여온 7년이란 시간은 결코 헛되지 않습니다.

매주 아침마다 모여 반찬을 만들어주시는 집사님과 권사님들의 헌신의 수고, 황금 같은 주말을 보내고 싶을 시간에 어르신들과 교제하기에 힘써주는 선후배 동역자들의 헌신, 함께 하지 못하지만 마음을 내어 물질로 후원해주시고 함께 기도해주신 수많은 분들의 도움을 통해 하나님의 크고 놀라운 사랑이 어르신들에게 고스란히 전해졌을 것이며 복음의 씨앗들이 심겨졌을 것이라 확신합니다.

End.

봉사단을 하면서 참 많은 생각들을 했습니다. 어르신들이 살아오신 지난 시간들에 대한 이야기를 듣고 지금 그분들의 모습들 볼 때 가끔 인생이 참 허망하다는 생각을 합니다. 한 사람이 100년이 가까운 삶을 살면서 가족들을 위해 세상을 위해 애쓰며 헌신하며 살아오셨는데 남은 것이 공허함 밖에 없음을 볼 때 너무 속상합니다. 그때 처음으로 간절히 원했던 것 같습니다.

어쩌면 이 땅에서 육신으로 살아갈 날이 얼마 남지 않았을지 모르는 어르신들의 삶에 복음의 능력이 역사하여 그들의 삶이 풍성히 채워지고, 기쁨과 평안이 가득해졌으면 좋겠다고 말입니다.

저희가 하는 일이 비록 반찬을 전해드리고 잠시 이야기 나누고 오는 것이 전부이지만 이 시간들을 통해 예수그리스도의 사랑이 흘러 넘치기를, 그래서 복음이 그 분들에게 흘러 들어가길 원합니다. 또 시간이 흘러 가정을 꾸리면 지금의 1청년부 선배들처럼 집을 열어 식사를 대접하고 나이가 들면 집사님과 권사님들처럼 반찬을 만들고 있을 모습을 꿈꾸게 됩니다. 그리하여 저희를 통해 하나님의 복음 사역이 더욱 힘있게 이루어지기를 소망합니다.

## 그룹홈돌봄사역

# 품이 너른 따뜻한 사람

### 구예주 그룹홈 팀장

그룹홈 아이들과 함께한 지 벌써 2년이 훌쩍 지났습니다. 아이들이 사는 집에 방문한 첫날의 기억이 새록새록 납니다. 우리의 만남을 축하하는 의미로, 이 만남을 시작으로 가족이 됨을 기념하는 의미로 케이크도 사가서 인사도 하고, 아이들의 눈에 우리를 새겼습니다. 그렇게 우리들의 이야기가 시작됐습니다.

2020년 여름이 시작될 시점, 그룹홈 사역을 교회에서 시작하게 되었고, 아직 준비가 덜 됐던 제게 팀장으로 섬겨보라는 제안을 했습니다. 두 오빠를 둔 여동생이자 목회자의 딸로서 자라왔습니다. 눈에 훤히 보이시겠지만 어릴 때부터 아주 철딱서니 없고 온 세상이 제 것인 양 지냈습니다. 그러다 중고생 시절에 서우석 목사님을 통해 '그리스도인의 황금률'이라는 설교를 들었습니다. "대접받고자 하는 마음만큼 다른 사람을 섬기고, 주어진 시간과 물질은 하나님께서 다른 사람을 섬기라고 주신 선물이다"라는 설교 내용이 제 삶의 가치관을 바꿔놓게 됐습니다. 그저 대접받고 싶어 하고 다른 사람의 소유도 탐하는 제 마음을 직면하는 과정에서 살아갈 이유와 목적이 달라졌습니다. 다른 사람을 위해 살아가는 사람이 될 수 있길 기도했습니다. 제안이 들어온 그룹홈 사역은 제 삶의 목표에 다가가게 해주는 기회로 느껴졌기 때문에 망설임 없이 수락했습니다.

사역을 시작하고, 매주 토요일마다 그룹홈 아이들의 어린 시절 추억을 남겨두고자 경산, 대구 인근을 방문하며 시간을 보냈습니다. 점차 그룹홈 사역이 있는 토요일이 기대되었고, 아이들을 향한 사랑이 갈수록 커짐을 느꼈습니다. 아이들과 함께하는 교제 속에서 마음이 깊어져 아이들의 삶과 가까워졌습니다. 가까워지면 질수록 아이들의 부족함을 채울 수 있는 방법은 '가족이 되는 것'이라는 생각이 들었습니다. 학교에 입학할 때, 친구와 싸우고 아무도 없다고 느껴질 때, 생일을 축하받을 때, 사춘기를 겪을 때, 학교를 졸업할 때, 진로를 결정할 때, 누구나 한 번쯤 겪는 삶의 일들 가운데 곁에 있는 가족이 있다면 얼마나 아이들에게 힘과 위로가 될까 하는 생각으로 아이들 한 명 한 명의 삶을 공유할 수 있는 울타리, 즉 가족을 청년1부 언니오빠들과 함께 만들었습니다.

인성이네, 하용이네, 동우네, 호연이네, 하율이네가 돌아가면서 매주 월요일 저녁 7시에 집에 방문하여 가정예배를 드립니다. 아이들이 하나님의 말씀을 읽고 하나님을 찬양하면서 뛰어노는 모습을 보면 오히려 하나님 앞에선 우리의 모습이 어떠한지 돌아보기도 하고, 한 복음 안에서 만나게 된 아이들이 너무 사랑스럽고 귀하게 여겨집니다. 아이들에게 복음이 어떻게 와닿는지 가늠할 수 없지만 결국에는 심겨지고 10배, 100배 풍성하게 자라갈 것을 믿습니다.

그리고 매달 마지막 주 토요일 저녁 5시에 가정마다 모임을 하고 있습니다. 아이들을 가정에 초대하기도 하고, 아이들이 좋아하는 음식을 사 들고 놀러 가기도 하며 아이들이 편안함을 느낄 수 있는 형태로 만나고 있습니다.

정말 감사하게도 아이들은 다른 곳보다 이모, 삼촌 집을 좋아합니다. 언제 이모, 삼촌 집에 가는지 물어보며 매달 마지막 주 토요일을 손꼽아 기다린다는 소식을 들었습니다.

앞으로도 아이들과 함께할 날들이 기대되고, 더 나아가 아이들이 교회 공동체의 아들로 양육되어, 교회 공동체 안에서 성숙하게 자리 잡아 가길 소망하고 기도합니다.

마지막으로 아이들을 위해 기도하고 있는 기도제목을 나눠볼까 합니다. 같이 마음을 모아 기도해주시길 부탁드리겠습니다.

첫 번째로, 아이들 안에 복음이 심겨지고 하나님을 만날 수 있도록 기도해주세요.

결국엔 아이들의 삶을 책임지시고 이끌어주시는 이는 하나님 한 분밖에 없음을 압니다. 한 아이도 잃어버리지 않고, 하나님 안에서 자라갈 수 있도록 기도 부탁드립니다.

두 번째로, 각 가정에 속해 있는 사람들의 마음을 하나님의 사랑으로 가득 채워주셔서 맡는 아이를 하나님께서 허락하신 사랑으로 품을 수 있도록 기도해주세요.

저희는 사랑이 턱없이 부족한 사람이고, 각자의 상황과 여건에 맞추어서 사랑하고자 하는 마음이 큽니다. 그렇기에 하나님께서 그 사랑을 가득 채워주셔야 합니다. 사랑이 가득한 사람들이 될 수 있길 기도 부탁드립니다.

교회는 어머니입니다.

아이들이 잘못할 때, 따끔하게 혼내주시고 타일러주세요.

아이들이 잘할 때, 많이 칭찬해주시고, 사랑해주시고, 안아주세요.

또 아이들이 무엇인가 필요할 때, 아낌없이 채워주시고, 보듬어주세요.

우리 모두가 더불어 이 아이들을 지키고, 양육하고, 사랑하고, 품는 따뜻한 교회 공동체가 되길 소망합니다.

# 그룹홈돌봄 사역

# 지식과 지혜의 창고

이소영 전도사

대학 시절, 가끔 농담 반 진담 반으로 '저는 신학교를 다닌 것이 아니라, 도서관에 일하기 위해 입학했다'라고 말했습니다. 왜냐하면 보통 근로장학생은 학기 중에만 일하는데 내가 학교 다니던 때에는 방학 때마다 도서관에 굵직한 변화가 생겼기 때문입니다. 열람실 이전, 전산시스템 변경, 열람실 증설 등 방학 동안 작업을 꼭 해야 하는 상황이었습니다. 그래서 저는 4년 내내 방학 중에도 도서관에서 일하며 도서관의 전반적인 작업은 거의 다 경험할 수밖에 없었습니다. 그땐 참 많이 투덜거렸는데 지금에서야 깨닫게 되는 것은 이 일 또한 하나님의 계획하심이라는 것입니다.

한창 누리고 싶었던 캠퍼스의 낭만과 맞바꾼 도서관에서의 내 경험이 이곳 사랑이꽃피는교회에서 쓰이게 될 줄 누가 알았겠습니까?

2006년 우리 교회의 교육관이 지어지고, 아이들을 향한 어른들의 관심과 마음이 모여 약 7-800권의 책이 마련됐습니다. 이때만 해도 저는 우리 교회에 도서관이 어디에 있는지조차 몰랐습니다. 아니 '알고 싶지 않았다'라는 표현이 좀 더 정확할 것이다. 4년 동안 책과 씨름했던 시간을 다시 경험하고 싶지 않았기 때문이었습니다. 그러나 목사님께서 도서관의 책 정리를 내게 부탁하셨을 때, 전 망설임 없이 대답했고 지금도 그 대답은 이어지고 있습니다.

처음 어린이 도서를 시작으로 성도님들이 기증해 주시는 책과 2011년부터 경산시 작은도서관으로 등록하여 각종 지원사업을 통해 기증받는 도서들로 조금씩 서가를 채워나갔습니다. 한쪽 벽만 차지하던 서가는 책이 늘어갈수록 한 벽씩 채워져 지금은 공간이 부족해 도서관을 확장하고 싶을 정도입니다.

한 권의 책이 서가에 배치되기까지는 많은 과정을 거쳐야 합니다. 책을 분류하고, 관인을 찍고, 바코드와 청구기호, 그리고 띠 라벨, 키퍼 등을 붙이는 단순 작업까지 다 거쳐야 합니다. 이러한 여러 과정 중에서도 프로그램에 도서를 등록시키는 일이 저에게는 가장 힘들었습니다. 현재는 국립중앙도서관에서 지원해주는 프로그램을 이용하지만 처음 도서관 정리를 시작할 그때는 사설 프로그램으로 도서를 등록하고 작업했기에 전공자가 아닌 저로서는 다양한 주제와 다양한 종류의 책들을 등록하는 일이 쉽지 않았습니다.

간혹 한 번에 많은 책을 기증받기도 했는데, 그럴 땐 작업속도를 낼 수 없어서 책을 한참 동안 쌓아 놓기도 했습니다. 방대한 작업량을 처리하기에는 일손이 너무 부족했기 때문입니다. 하지만 이 문제를 해결할 수 있는 계기가 있었는데, 그것은 바로 '1365 자원봉사 수요처 기관'으로 우리 도서관이 선정된 일입니다.

이 지역에는 대학교가 많이 있습니다. 특히 가까운 주변에만 무려 6개가 있습니다. 몇 년도 인지 지금은 잘 기억나지 않지만 학교마다 봉사실적이 필수조건으로 변경되면서 학생들의 봉사 문의가 엄청 많았습니다. 코로나 이전의 일이긴 하나 주중과 주말을 합쳐서 한 주 동안 4~50명의 봉사자가 다녀가기도 했습니다. 물론 평소에도 우리 교회에는 청년들이 많이 있지만 교회 성도가 아닌 외부 청년들이 이곳에 와서 봉사활동을 한다는 것이 우리에겐 굉장히 의미 있는 일이기도 했습니다. 그러나 많은 봉사자가 우리 도서관에 온다는 것이 제게 마냥 좋은 일은 아니었습니다. 왜냐하면 처리해야 할 일은 몇 배로 더 많아졌기 때문입니다. 봉사자들의 작업 실수가 있어서 몇백 권의 책을 처음부터 다시 작업했던 해프닝도 있었고, 시험 기간 중에도 봉사하는 학생들은 와서 꾸벅꾸벅 졸기도 했습니다. 정말 열심히 봉사하는 학생들이 있는가 하면 약속된 시간을 지키지 않거나 대충 시간을 때우고 돌아가는 학생들도 있었습니다.

봉사 신청을 전화나 문자로 받았을 때는 새벽 2시에 문의가 오기도 했고, 자신들의 사정을 말하며 학교 제출날짜에 맞춰 미리 실적확인서를 입력해 달라는 학생들도 있었습니다. 또한 그들의 요구사항을 들어주지 못했을 때 되돌아오는 원망도 고스란히 들어야만 했습니다. 그러나 분명한 것은 이렇게 많은 봉사자의 도움이 없었다면 우리 도서관의 보유 장서를 늘리는 일도, 아이들에게 더 많은 것들을 제공하기도 힘들었을 것이라는 사실입니다.

처음 800권에서 2,000권으로, 2,000권에서 5,000권으로 그리고 지금 8,000권이 넘는 책들은 여러 사람의 손을 거쳤기 때문에 가능한 일입니다. 이렇게 여러 과정을 거쳐 도서를 배치했다고 해서 도서관의 일이 끝난 것이 아닙니다. 낮엔 아이들로, 저녁은 중학생들, 밤엔 대학생들이 종종 이용하고, 주말에는 성도들과 아이들이 도서관의 공간을 사용하기에 한 주라도 정리와 청소가 되지 않으면 금방 난장판으로 변하는 곳이 바로 도서관입니다.

눈 뜨고 차마 볼 수 없을 정도로 엉망이 되어버린 도서관의 문을 여는 순간, 화나기보다 피식 웃음이 먼저 나오는 순간이 오길… 누군가 무심히 두고 간 많은 양의 전집들을 사랑의 눈빛으로 바라볼 수 있길… 기도하는 내 심정은 주님만 아실 것입니다.

이렇게 투덜거리긴 했지만 도서관이 늘 힘든 것은 아닙니다. 아이들과 독서프로그램을 진행할 때면 나는 매우 즐겁습니다.

1년 중 10개월 동안 순회 사서 사업에서 지원을 받아 독서프로그램을 진행할 때가 있습니다. 그럴 때는 좀 더 특별한 수업을 계획하는데, 목표는 아이들이 도서관과 친해지게 하는 것입니다.

'도서관에서 놀자!'라는 타이틀을 가지고 그동안 여러 가지 프로그램을 진행했습니다. 도서관에서 빙고 게임인 '도.빙.고!'를 진행하기도 하고, 택배 상자 안에 든 '펭귄을 찾아라!', 한글날을 맞아 '동시'를 짓기도 하는 등 시기에 따라 다양한 방법으로 독서프로그램을 진행했습니다.

남자아이들이 많다 보니 과제 하듯 대충 완성하고 도망가기 일쑤지만 그래도 찬찬히 자신의 이야기를 써가는 아이들이 참 기특합니다.

또한 초등방과후에 도착한 아이들은 매일매일 책 읽기를 의무적으로 합니다. 되도록 짧고, 글자 수가 적은 책을 선호하며 온몸으로 책 읽기를 거부하면서도 자리에 앉아 각자의 분량은 다 읽고 가는 아이들이 대부분입니다.

도서관에 흐트러진 책들을 보며 '이놈들~' 하다가도 교회의 제일 구석진 곳인 도서관까지 왔다는 사실 하나만으로도 내게 큰 위안이 될 때가 있습니다.

쓸고 닦고 정리하고 또 정리하는 일이 끝나지 않는 곳. 몇 날 며칠 수백 권을 작업해도 티 나지 않는 곳, 그러나 서가에 꽂힌 종이책과 비교할 수 없을 만큼의 지식과 지혜의 창고인 도서관을 앞으로 더 많은 이들이 찾아주고, 더 많이 이용하며, 더 많이 아껴주었으면 합니다.

# 모두가 누릴 수 있는 도서관을 꿈꾸며

### 구영서 청년

처음 사랑이꽃피는 작은도서관에 들어갔을 때 정리되어 있지 않은 어수선함에 상당히 당황했었던 기억이 납니다. 그 당시에는 왜 이렇게 관리를 안 하고 있나 하는 의문을 가진 채로 그저 넘어갔지만 23년도 도서관 일에 참여하게 되면서 그 이유를 알 수 있었습니다. 실질적으로 도서관을 관리하고 계신 이소영 전도사님은 다른 업무에 바빠서 도서관을 주기적으로 살피기가 어려운 상황이고, 도서관에 상주하면서 일을 해줄 사람을 구하는 것 역시 현실적으로 어렵기 때문입니다. 항상 개방된 도서관 공간은 아이들도 어른들도 계속해서 들락날락하는 곳이기 때문에 마음먹고 하루 정리해놓는다고 해도 다음 날이 되면 원상복구 되어버리는 마법(?)을 체험할 수 있습니다.

그렇다고 엉망진창이 되어버린 공간을 그저 내버려 둘 수는 없기에 조금이라도 노력해보자는 생각을 했습니다. 우선은 전체적인 도서 정리를 마치고 난 후, 일주일에 2~3회 정도를 정해 주기적으로 책을 정리해보자는 이야기를 했습니다. 연초의 바쁜 일정으로 인해서 아직 실천에 옮기지는 못하고 있지만 빠른 시일 내에 꼭 정리를 시작할 것입니다. 물론 일주일에 두 세 번 정리하는 것만으로 깨끗한 도서관을 유지하기에는 턱없이 부족한 시간이지만 그저 방치 해두는 것보다는 나으리라고 생각합니다. 도서관 책상에는 안내 문구를 붙이고 책 반납대를 만들었지만 그다지 큰 효과는 보지 못했습니다. 조금 안타깝지만 앞으로 조금씩 더 개선해 나갈 수 있을 것입니다.

도서관을 담당하시는 이소영 전도사님뿐만 아니라 많은 분들이 지금까지 노력해주신 덕분에 작은 도서관은 보유하고 있는 책도 많은 편이고 꾸준하게 장서도 추가되고 있습니다. 그래서 사랑이꽃피는 작은 도서관을 보면 비교적 관리가 잘 되고 있다고 생각합니다. 앞서 이야기했던 도서 정리와 환경 관리 부분만 개선된다면 더 많은 사람들이 유용하게 사용하는 공간이 될 것이라는 기대가 생깁니다.

목사님께서는 항상 독서를 많이 하라고 강조하십니다. 그런 의미에서 더욱 도서관이 활성화되고 사람들이 많이 찾는 곳이 될 수 있으면 좋겠습니다. 앞으로 성도분들도 작은 도서관에 더 많은 관심을 가져주셔서, 도움의 손길도 많이 늘어나고 도서관이 제 역할을 하는 것 이상으로 함께 누릴 수 있는 공간이 될 수 있기를 바랍니다.

아이들이 사랑이꽃피는 작은도서관에서 책을 읽고, 온 가족이 함께 책을 읽고 생각을 나누는 환경이 만들어질 수 있다면 더할 나위없이 좋을 것 같습니다.

# 청소년과 청년들의 숨터 아지트 8-1

### 서우석 목사

### 위기가 곧 기회, 코로나가 등 떠민 청소년사역

2020년 가을 코로나-19가 한참 심해질 무렵입니다. 대구 모 단체 문제로 2개월간 성도들의 교회 출입이 금지됐을 때, 교역자들끼리 주 일 예배를 송출하고 차를 마시러 갔습니다.

담임목사님께서 '이제 청소년 사역을 어떻게 할 것인지?' 물으셨고 저는 '이 카페처럼 작은 카페를 차려 학생들과 라면이나 끓여 먹을까!' 한다고 대답했습니다. 담임목사님은 이때다 싶으셨는지 청소년 사역에 대한 본인의 청사진을 이야기하시면서 청소년센터가 되도록 준비해보 라 하셨습니다.

그 주에 바로 함께 SFC 간사를 하다가 로스팅 카페를 운영하는 김 수재 목사님께 연락을 드렸습니다. 목사님은 무조건 도와줄 테니 와서 배우라 했습니다. 그렇게 3개월간의 카페알바/교육이 시작됐습니다. 출근하면 청소하고 음료 주문을 받고, 교육을 듣고, 커피를 배웠습니다. 27살부터 10년이나 핸드드립을 내려 마셨는데 모르는 것 투성이며, 카페 음료는 완전히 다른 세계의 일이었습니다. 게다가 목사고시와 논문을 준비하는 시기와 겹쳤는데 교회의 여러 배려로 3개월간 출근과 퇴근을 카페로 하며 지냈습니다.

카페의 인테리어는 집사님들께서 맡아 주셨습니다. 메뉴는 알바 경험이 있는 청년들이 맡았습니다. 전교인 투표를 통해 아지트8-1이라는 이름을 정하고 물품을 구입하고 전체 준비를 하는 동안 정말 많은 성도와 지인들이 도왔습니다.

카페를 운영하는 친구와 매주 상의했던 기억이 납니다. 그렇게 냉난방시설 1천만 원, 인테리어 2천만 원, 커피기계 일체 8백만 원, 나머지 가구/ 준비물 2백만 원 총 4천여만 원으로 40평, 방 4개 아지트를 꾸몄습니다. 가구는 당근마켓에서 전부 구매했습니다. 처음엔 50평으로 계약했으나 복도를 만들다 보니 실제 사용 평수는 40여 평이었습니다.

지금 들여다보면 이렇게 허접한 공간이 없습니다. 그러나 만 2년이 지난 지금 이만큼 우리에게 즐거운 공간도 없었다고 생각합니다.

SFC 간사님들과 사무실을 공유하여 사용합니다. 코로나 기간 대학에서 모임이 금지됐을 때 아지트에서 모임을 많이 진행했습니다. 덕분에 저희는 운영에 큰 도움을 받았습니다.

**청소년들에게 투자하는 숲펀딩**

청소년들은 아지트를 방문할 때면 매번 무료로 음료를 마십니다. 라면도 1개 먹을 수 있고 보드게임방도 이용합니다. 이것은 어른들이 청소년에게 투자하는 숲펀딩 제도를 통해 가능합니다. 셀 수도 없이 많은 분이 참여해 주셨고 주 30여 명 오던 청소년들은 시험 기간엔 주 100명까지도 아지트를 찾습니다. 물론 핵심단골 40여 명이 자주 오는 상황이긴 합니다만 그중 20명은 교회에 다니지 않는 친구들이니 그 친구들에게 우리 카페가 훗날 아지트로 기억되면 좋겠습니다.

저희는 그동안 지역주민이 참여할 수 있는 보드게임대회인 '천하제일 보드게임대회'를 4번 진행했습니다. SFC와 콜라보해 고3을 위한 대회도 했습니다. 때마다 여러 이벤트를 진행하고 사람들과 관계의 끈을 이어 갔습니다.

1주년 때는 단골들이 굿즈(1주년 기념품)를 구매하며 인접한 3개 고등학교에 50만 원씩 150만 원을 장학금으로 보냈습니다. 2주년이 다가온 지금은 2주년 굿즈를 제작하고 판매해서 인접한 4개 중학교에 장학금을 기탁하려고 합니다.

아지트가 이렇게 애쓰는 이유는 요즘 청소년들에게 숲을 만들어 주고 싶어서입니다. 제가 어릴 적 뛰어놀았던 숲과 나무 위에 감추어 놓았던 보물상자, 학교를 마치면 언제나 달려가서 캄캄해진 뒤에나 돌아왔던 숲을 청소년들에게 만들어 주고 싶습니다.

### 세상과 호흡하는 아지트

아지트에서는 금기사항이 몇 가지 있습니다. 하나는 CCM을 틀지 않는 것이고, 하나는 저를 목사님이라 부르지 않는 것입니다. 그러나 시작하자마자 들어오는 모든 성도가 저를 목사님이라 불러서 오시는 일반 손님들도 제가 목사인 줄 다 알게 됐습니다. 그리고 절대로 교회 가자는 말을 먼저 하지 않습니다. 즉 복음을 전하지 않는다는 이야기입니다.

조금만 역지사지하면 당연한 내용입니다. 그냥 제 목표는 그들과 친구가 되는 것입니다. 커피와 인생에 대해서 말하고, 사회와 직장에 대해서 말합니다. 학교와 유행에 대해서 말하고 그들의 고민을 듣고 제 고민을 나눕니다.

저는 친구는 이렇게 되는 거라고 생각합니다. 사소한 농담과 진지한 내기를 통해서라고 하면 너무 불경건합니까? 그러나 2년이 지난 지금 꽤나 많은 친구가 아지트를 통해서 교회에 왔습니다. 그저 저희가 한 말과 행동이 그들에게 복음과 예수님에 대한 고민을 더 했다고 생각합니다. 이로써 현시대에 더 적합한 전도의 방식에 대해 조금 더 확신을 얻습니다.

손님들과 축구하고 커피 마시고, 생일 파티하고 같이 지내면서 얻은 것이 많습니다. 요즘 세속 친구들의 고민과 사회의 대 기독교관 등은 글로 배우는 것과 차이가 있습니다. 특히 내부의 평가와는 많이 다릅니다. 그래도 다행인 것은 일반 친구들이 목사인 저와 친구 되기를 허락해준다는 점입니다. 앞으로도 세상과 소통하는 창구로서 아지트는 이 정책을 유지하려고 합니다.

아지트 시즌2 - 숲(SOOP) 청소년센터

2년이 지난 지금 성혜진 매니저를 직원으로 채용했습니다. 청소년

상담을 전공한 친구와 동역을 하는 이유는 아지트를 찾는 많은 여중생 때문입니다. 험악하게 생긴 아저씨 사장보다 자신들과 같은 경험을 가진 선배가 줄 수 있는 좋은 영향을 기대합니다.

성혜진 매니저는 앞으로 카페를 함께 운영하며 언니들상담소(언제나 니편인 사람들)를 운영할 것입니다. 진로와 연애, 실존과 학교폭력 등 여러 문제에 노출된 친구들을 만나고 격려하는 일을 진행해 나갈 것입니다.

이를 위해 아지트는 지역 문제를 해결하며 사업을 진행하는 마을기업에도 도전합니다. 최근 예비마을기업에 선정됐다는 연락을 받았습니다.

청소년들의 문화놀이 공간이 없음을 지역 문제로 인식하고, 청소년들에게 자신들의 문화와 놀이를 발전시키는 장으로서 역할을 기대합니다.

마을기업으로서 아지트는 수익구조를 통해 청소년들에게 바리스타, 제빵 제과 교육 등을 병행할 계획입니다. 누구나 공부가 제일 적성에 맞을 수는 없습니다. 아지트를 통해 꿈과 비전을 발견하는 청소년이 많아지도록 기도와 협력을 요청합니다. 그리고 무엇보다 이 사역을 즐겁게 할 수 있는 동역자들을 모집하고 있습니다.

사실 저희는 아무것도 없이 출발했습니다. 커피라고는 핸드드립이 최고라고 생각해서 다른 카페 음료는 잘 마시지 않는 사역자가 무슨 카페를 알았겠으며 함께하는 사회 경험이 없는 친구들이 무슨 사업을 알았겠습니까? 그러나 큰 욕심 안 부리며 청소년이 행복한 지역을 만들어보자며 함께한 시간 2년이 이제 저희에게 새로운 길로 안내하고 있다고 생각합니다. 또다시 한번 한 걸음을 걸어보려 합니다.

### 사족

굳이 사족을 달자면 이 글을 읽으시는 교회 지도자들께 부탁합니다. 우리 교회의 특장점이 있는데 위임과 책임입니다. 위임한 일은 최대한 자치를 보장하고 조언하되 강요하지 않으려 애씁니다.

4천만 원을 들여 교회 사역을 하는데 담임목사님은 오픈 일주일 전에 처음 오셨고, 장로님들은 오픈 감사예배에 처음 오셨습니다. 그리고 한껏 격려해 주시고 요즘도 가끔 숲펀딩 하러 오시는 게 전부입니다.

실무자들이 눈치 보지 않는 환경은 정말 중요하다고 생각합니다. 교회의 많은 일이 보고와 수정하다가 시기를 놓치는 경우를 자주 봅니다. 저도 만일 이 모든 일을 카페 일을 잘 모르는 당회의 결제와 지도를 받았다면 지금쯤 오픈이 가능할지도 모르겠습니다. 무관심과 방종을 말하는 것이 아님을 알아주시길 부탁드립니다.

# 저에게 아지트8-1은요

### 손예슬 대구경북지역 SFC 간사

아지트 월요지킴이 손예슬입니다. 1년 2개월을 함께한 아지트를 떠나게 돼 인사드립니다. 2022년 1월 3일이 첫 출근날이었어요. 아지트에서의 시작과 끝을 따뜻한 커피와 어울리는 겨울에 하게 되네요. 아지트 아르바이트생다운 마무리죠?

저에게 아지트는요, 좋은 사람들을 만나게 해주었습니다.

꾸밈없이 진심으로 사람을 대하는 사장님. 남에게 궂은일을 미루지 않고, 서로 맡으려 하는 아지트 동료들. 그들과 서로에게 고마워하고 미안해하며 함께 했습니다. 또 어디서 이런 사람들과 일할 수 있을까요?

다양한 연령대, 다양한 직업을 가진 손님들과 친구가 됐습니다. 길쭉한 직사각형의 바(bar) 테이블에 앉기만 하면 누구든지 대화를 시작할 수 있었습니다. 단골 친구들과 함께 새로운 손님들을 환대하는 따뜻한 문화도 경험했습니다. 몇몇 친구들과는 러닝크루를 만들어 건강한 취미도 함께 하고 있습니다.

저에게 아지트는요, 작은 친절이 큰 파장을 일으킨다는 것을 가르쳐 주었어요.

우연히 마주친 얼굴에 눈웃음 한번, 바닥에 떨어진 외투 끝자락을 의자 위에 올려주는 것, 여유로운 시간대에 건네는 말 한마디, 여행에서 사온 주전부리를 나누어 먹는 것.

우리가 손님들께 드린 작은 친절은 또 다른 친절로 돌아왔습니다. SNS를 통해 전해온 고맙다는 말, 귀여운 스티커 한 장, 체리 한 줌, "오늘 예쁘세요!"라는 칭찬(모두 좋았지만 이 말이 제일 좋았습니다! 하하).

주고받은 이 작은 것들은 '직원 대 손님'에서 '정을 나누는 이웃'으로 관계를 변화시켜 주었습니다. 그리고 저의 평범한 하루를 풍요롭게 만들었어요. 밝은 마음으로 내일을 기대하게 되고, 다른 곳에서도 친절을 베풀 용기를 얻게 됐습니다. 더 이상 작지 않은 아주 큰 파장이죠.

저에게 아지트는요, 새로운 꿈의 청사진이 됐습니다.

제가 앞으로 하고 싶은 일도 이런 일이거든요. 어느 한 동네에서 오래도록 낡아져 가는 구멍가게를 하고 싶습니다. 이웃과 세상에 사랑을 나눌 수 있는 작은 물건들을 만들어서 팔아보려고 합니다.

제가 꾸린 공간에 발길이 닿은 손님들과 작은 친절, 오늘의 소소한 행복, 요즘의 고민들 주고받으며 살면 정말 행복할 것 같습니다. 지금의 아지트처럼요.

마지막으로, 참 고맙습니다.

일하는 동안 그저 행복했습니다. 저는 SFC(Student For Christ / 고신교단 교육기관) 간사로 6년을 섬겼는데요. 사역을 마무리하고 이직을 준비하는 중, 일자리가 필요했습니다. SFC의 간사님들과 서우석 목사님의 추천으로 아지트에서 일할 수 있었습니다. 생활비를 위해 시작한 일이었는데, 어느새 아지트는 저에게 일터가 아닌 쉼터가 됐습니다. 많이 배웠고 많이 누렸습니다. 참 고맙습니다.

청소년과 청년 그리고 하양의 주민들께 이웃이 되어주는 아지트가 자랑스럽습니다. 앞으로의 아지트를 기대합니다. 또 어떤 분들이 쉬어갈까요?

# 청소년센터 아지트

# 전 세대가 함께 어울리는 복합문화 공간

이소영 전도사

사랑이꽃피는교회 마켓보인동 사역은 영아부 바자회에서 시작됐습니다. 영아부에서 시작된 바자회를 매회 진행할 때마다 많은 도움의 손길이 필요했습니다. 왜냐하면 영아부에는 엄마가 교사이기에 어린 아기를 둔 엄마들이 바자회를 준비하고, 물품을 정리하고, 진행까지 감당할 수 없었기 때문입니다. 결국 타부서와 청년들의 도움을 받아 진행하였고 회차를 거듭할수록 규모도 커지게 되어 어느 순간 영아부라는 한 부서의 행사에서 교회 전체의 행사가 됐습니다.

육아용품으로 시작한 바자회 물품은 자연스럽게 먹거리와 식자재, 의류, 잡화, 완구, 문구, 기타 여러 종류로 확대됐습니다. 가정에서 사용하지 않는 물건을 바자회를 위해 1년 동안 모으며 이웃들에게까지 바자회를 알려 물품을 모아주신 분들도 계셨습니다. 심지어 믿지 않는 이웃들이 좋은 일에 사용하라며 먼 거리에서 찾아와 물건을 주시는 일도 있었습니다.

　바자회의 수익금으로 인해 미혼모와 그룹홈 아이들을 섬길 수 있지만 모여진 수익금보다 더 귀한 것은 이처럼 물건을 모아주시고 관심을 가지고 헌신해 주신 많은 이들의 마음이 있기 때문입니다. 또한 온 성도들의 관심과 기도가 곧 바자회를 지속할 수 있는 이유이기도 합니다. 이렇게 매년 진행되는 바자회를 교회 성도들만 누리는 것이 아니라 더 많은 이웃과 함께하길 바라는 마음에서 플리마켓 형태로 전환하기로 했습니다. 더 나아가 이 지역의 행복하고 즐거운 문화의 장으로 자리 잡기를 원했습니다.

　막상 플리마켓으로 전환을 결정했지만 스텝을 섭외하는 일도, 셀러(판매자)를 모집하고, 주변에 광고하는 일까지 교회에서 하는 바자회와는 완전 다른 일이었습니다. 천막 하나를 설치하기 위해서 넓은 잔디밭을 뛰어다니며 길이를 재어 배치도를 만들고, 셀러가 판매하는 물품이 중복되지 않도록 조정하고, 셀러들의 요구사항을 듣고 준비하는 것까지 말입니다. 이보다 더 세세한 내용이 많지만 어찌 되었건 준비과정은 바자회 보다 10배는 더 많은 에너지를 쏟아야 했습니다.

　준비하는 스텝들의 수고가 대단했습니다. 주변 아파트를 돌며 전단을 붙이고, 참여하는 셀러들이나 가게에 홍보를 하기도 하고, 이벤트 복장을 하고 주변 대학가를 찾아가 유튜브 촬영을 하기도 했고, 포토존을 만들고 정해진 컨셉에 맞는 데코를 위해 새벽까지 시설물을 옮기고 설치하는 일들을 마다하지 않았습니다.

　또한 준비하는 스텝들의 수고만 있었던 것이 아닙니다. 매번 여러 날

고생하시며 많은 양의 식혜를 만드시는 전도사님, 재료비도 마다하시고 갖가지 반찬들을 만들어 주시는 권사님들, 경품행사를 위해 물건들을 후원하시는 성도님들, 셀러로 참여하여 준비하고 판매하느라 수고하셨음에도 수익금을 고스란히 전달해 주시는 목장들까지, 아낌없이 헌신하고 내어 주시는 분들 때문에 풍성함을 누릴 수 있는 것입니다.

그렇게 수고함으로 준비된 플리마켓은 2020년 10월 25일 '마켓보인동'이라는 이름으로 첫 회를 열었습니다. 그날의 감사가 아직도 제겐 남아 있습니다. 정말 많은 분이 찾아주시기도 했지만 플리마켓을 통해 지역민들과 함께할 수 있는 기회가 생긴 것이 큰 감격이고 감사였습니다. 시작을 알리며 인사하시는 담임목사님은 끝내 눈물을 보이셨습니다. 마켓보인동에 오신 분들도 교회가 믿는 자와 믿지 않는 자를 구분하지 않고 좋은 분위기와 즐거운 시간을 마련해 준 것에 대한 고마움을 표현하시기도 했습니다.

그렇게 1년에 3-4회 플리마켓을 진행할 계획이었지만, 1회를 마치고 얼마 지나지 않아 코로나가 확산되어 방역지침에 따라 진행하지 못하다가 코로나의 상황이 조금 잠잠해지면 마켓보인동을 열었습니다. 2021년 11월 페스티벌과 2022년 5월의 보인민속촌 그리고 8월에 마켓보인동 야시장 등 매회 다양한 컨셉으로 진행했고, 지금도 곧 열릴 마켓보인동을 준비하고 있습니다.

마켓보인동은 단순히 셀러들의 수익을 위한 플리마켓이 아닙니다. 그 속에 수많은 이들의 수고와 헌신, 다양한 문화가 있으며, 전 세대가 함께 어울려 누릴 수 있는 복합문화 공간이라고 말하고 싶습니다.

# 보인리의 축제의 장, 기회의 장을 바라며

### 윤희준 간사

2020년. 근대 이후 대한민국 역사상 한 번도 경험하지 못한 강력한 바이러스로 온 국민이 패닉과 혼란에 빠졌습니다. 그중 대구/경북지역은 코로나 확산의 중심지로 낙인찍히며 유례없는 침체의 분위기를 겪게 됐습니다. 더군다나 종교시설은 그 확산의 주범처럼 됐고, 사람들은 교회에 나갈 수 없게 되고, 교회에 다닌다고 말하는 것조차 눈치가 보이는 상황이 됐습니다. 그러다 가을이 돼 국내 확진자 수가 연일 100명 미만이 나오는 등 코로나가 잠잠해지게 됐습니다. 그리고 교회에서 플리마켓 행사를 연다는 얘기를 들었습니다.

나는 당시 직업군인이었기에 엄격한 방역 지침의 통제를 받고 있어서 교회를 나간다는 건 꿈도 못 꾸는 일이었습니다. 그렇기에 당연히 행사 참여도 못 할 줄 알았습니다. 아무리 코로나가 잠잠해졌다고 한들 이런 시기에 외부인들까지 초대해서 진행하는 행사가 '과연 얼마나 성공할 수 있을까? 오히려 욕만 먹는 게 아닐까?' 하며 교회에 대한 걱정도 많았습니다. 그러나 플리마켓을 열기 직전 군부대 내 방역 지침도 많이 완화되었고, 예배에 참여하지만 않으면 크게 문제가 없을 것 같아 플리마켓 공연 행사 진행을 맡게 됐습니다.

그날 내가 본 광경은 정말 충격적이었습니다. 정말 수많은 사람이 작디작은 보인리 시골 마을 한가운데에 모여 웃고 떠들고, 즐겁게 먹고 마시며 축제를 즐겼습니다. 글로벌미션교회 부스도 참여하여 외국인들도 많이 보였습니다. 교회 사람이 아닌 사람들 중에는 누구는 셀러로, 누구는 손님으로 참여하여 성황을 이루었습니다.

그 자리에서는 신앙이 있고 없고를 떠나서, 남녀노소 모두가 한마음 한뜻으로 축제를 즐겼습니다. 물론 모든 사람이 플리마켓 수익금을 통해 좋은 일을 한다는 것을 알고 그 목적을 위해 참여한 것은 아니었겠지만 이러한 자선 행사에 정말 많은 사람이 참여하고 누리는 것 자체가 정말 큰 기쁨과 보람으로 다가왔습니다.

그 후에도 계속해서 코로나 방역 지침 문제, 주차 문제, 관련 법규 문제 등 수 많은 어려움이 있었지만 마켓보인동은 행사를 지속해나갔습니다.

매번 성공적이었다고는 할 수 없을지라도 많은 교인과 지역 주민들이 매년 마켓보인동을 기대해주고 찾아주는 덕분에 플리마켓은 우리 교회의 대표적인 지역 나눔 행사로 자리 잡게 됐습니다.

앞으로 얼마나 행사가 더 커질지, 모인 수익금을 어떻게 사용할지 등 많은 기대와 걱정들이 있을 테지만 어쨌든 마켓보인동은 이미 이 작은 지역사회에 선한 영향력을 끼치고 있고 쉬지 않고 지속해나간다는 것만으로 큰 의미가 있다는 생각이 듭니다. 교회가 지역사회에, 청년들에게 자신의 역량을 발휘할 기회를 제공해주고, 남녀노소 모두가 즐길 수 있는 기쁨과 즐거움의 장을 만들어 주었습니다.

저는 앞으로 이 행사가 시의 지원을 받아 더 큰 지역사회 축제로 자리 잡았으면 좋겠습니다. 마켓보인동이 마을기업 형태로 마을 주민이 다 같이 행사를 기획하고, 준비하고, 운영하는 보인리의 축제의 장이자 기회의 장으로 계속해서 남아 경제를 살리고 문화를 살리는 이 지역의 빛과 소금의 역할을 하기를 소망합니다.

# 하나님의 꿈은 멀리 있지 않습니다

### 구웅 목사

사랑이꽃피는교회 선교부 사역은 크게 두 가지로 나뉩니다. 첫 번째는 해외선교사역입니다. 두 번째는 국내 미자립교회 대상 사역입니다. 해외선교사역은 크게 선교사님들의 사역을 물질과 기도로 후원하는 일과 일 년에 한 번 선교지를 방문하여 현지의 사역을 돕고 선교에 대해 배우고 돌아오는 비전트립 사역으로 나뉩니다.

미자립교회 사역의 경우 국내에 지원이 필요한 미자립교회들을 선정하여 그 교회들을 재정적으로 후원하고 그 교회들의 기도제목을 받아 기도하는 사역을 감당하고 있습니다.

먼저 해외선교사역에 대해 소개하겠습니다. 사랑이꽃피는교회 선교부는 총 23명 15개국에 파송돼 사역하고 계신 선교사님들과 연결돼 사역하고 있습니다. 청년2부와 3부 목장들이 목장마다 한 선교사님을 정해서 선교사님과 선교지를 위해서 기도하고 매주 목장모임으로 모일 때마다 선교헌금을 모아서 헌금하고 있습니다. 주머니 사정이 어려운 청년 목장들이기 때문에 결코 많다고는 할 수 없는 금액입니다. 그러나 청년들은 부끄러워하지 않고 함께 헌금을 모으고 무엇보다도 선교지와 선교사님을 위해 기도의 두 손을 모읍니다. 선교부에서는 이 사역을 위해서 선교지에서 선교편지가 교회로 올 때마다 해당되는 청년 목장에 보내주고 위하여 기도할 수 있도록 하고 있습니다.

이렇게 평상시에 선교지를 항상 생각하고 위해서 기도하면서 사랑이꽃피는교회가 또 준비하는 사역이 있습니다. 비전트립 사역입니다. 현재 교회는 태국과 필리핀 마닐라, 필리핀 세부의 세 분 선교사님과 연결되어 비전트립 사역을 해나가고 있습니다.

선교부에서는 비전트립을 위해 6개월 전부터 선교지와 연락하며 사역을 위해 준비합니다. 선교지와 사역에 대한 조율이 되면 교회에 광고하여 비전트립을 갈 인원들을 모읍니다. 주로 청년부 지체들과 소수의 중고등부 학생들이 지원하고 장년부에서도 부분 참석으로 선교지에서 비전트립팀을 응원하시기도 합니다.

사랑이꽃피는교회 비전트립 사역의 특별한 점은 모든 재정을 지원자가 부담한다는 것입니다. 많은 교회에서는 일반적으로 교회가 회비의 일정 부분 혹은 전체를 부담하고 비전트립을 보냅니다. 그러나 사랑이꽃피는교회 비전트립은 참가자가 백몇십만 원의 참가비를 모두 부담하고 갑니다. 그래서 청년들은 방학 때나 학기 중에 알바를 통해 재정을 벌어서 비전트립을 위해 사용하곤 합니다. 때로는 이 재정을 준비하지는 못했지만 정말로 비전트립을 가고 싶은 청년들도 있습니다. 그런 경우에는 선교팀과 상의하여 재정 납부 계획을 세우고 비전트립에 갈 수 있도록 안내합니다. 물론 그렇게 하는 경우도 결국은 본인이 그 재정을 추후에 갚아야 합니다.

우리 교회가 이렇게 사역을 하는 이유는 스스로 힘으로 재정을 준비하면서 그 사역에 대한 책임감을 가질 수 있으며 그 과정에서 신앙적으로도 더 성숙해질 수 있다는 교육 방침에 따른 것입니다.

다음으로 국내 미자립교회와 함께하는 사역을 소개하겠습니다. 사랑이꽃피는교회 선교부에서는 국내에 사역 후원이 필요한 미자립교회 15곳을 선정해 이 교회들과 함께 사역하고 교회들을 위해 기도하며 재정으로 후원하고 있습니다. 특별히 이 사역을 맡는 부서는 결혼한 청년공동체인 1공동체입니다. 1청년부는 매달 합심하여 미자립교회들을 후원하기 위한 재정을 회원들의 헌금과 회비로 모아서 교회에 헌금하고 있습니다. 그리고 교회는 그 재정을 바탕으로 미자립교회들에 후원하고 있습니다.

사랑이꽃피는교회 선교부는 이처럼 다양한 사역들을 감당하고 있습니다. 그렇다면 이 사역들을 우리는 어떤 마음으로 감당하고 있을까요? 그것은 하나님의 꿈을 우리가 있는 이 자리에서 이룬다는 마음입니다. 한 영혼에게, 한 지역에, 한 나라에 하나님의 복음이 전해지는 것은 우리 주님이 우리에게 알려주신 하나님의 꿈입니다.


"이 천국 복음이 모든 민족에게 증언되기 위하여 온 세상에 전파되리니 그제야 끝이 오리라"(마 24:14).

이 일은 우리 주님의 꿈이고 그 주님을 머리로 한 몸의 각 지체가 된 교회의 꿈입니다. 사랑이꽃피는교회 선교부가 꿈꾸는 것도 이와 같습니다.

선교사님과 선교지를 후원하고 함께 기도하는 사역을 통해서, 지역을 향해 복음이 전해지는 귀중한 통로인 미자립교회들을 후원하는 사역을 통해서, 그 사역이 실제로 어떻게 일어나고 있는지 보고 그 사역을 실제로 자기 손으로 감당하는 비전트립 사역을 통해서 우리 교회는 하나님의 꿈을 보고 듣고 그 꿈을 위해 움직이시는 하나님의 손에 우리의 손을 얹으면서 사역합니다. 이것이 사랑이꽃피는교회가 선교 사역을 해나가는 마음입니다.

# 세부에서 누렸던 천국의 맛

### 김찬솔 청년

안녕하세요. 28살 청년 김찬솔입니다. 저는 세부 비전트립을 갔다 오며 누렸던 은혜들을 나누려 합니다.

저는 2015년부터 총 다섯 번 비전트립을 다녀왔습니다. 그중 세부 지역을 3번 방문했습니다. 저는 2015년 스무 살이 돼서 예수님을 전인 격적으로 믿게 됐습니다. 마침 그 시기에 처음 비전트립을 갔던 세부 (저에겐 첫 외국이었던)를 아직도 잊을 수가 없습니다. 처음 그 땅에 발을 내디뎠을 때의 기억을 잊을 수가 없습니다. 세부 땅의 냄새를 맡 았을 때, 그 땅의 기온과 바람을 몸으로 느꼈을 때의 기분이 아직도 선 명합니다. 크고 웅장한 자연부터 작고 앙증맞은 아이의 손까지 모든 것들 속에서 하나님의 손길을 느꼈던 것 같습니다.

그렇게 하나님의 임재를 민감하게 느끼다 보니 떠오르는 찬양의 한구절이 있는데 "주 예수와 동행하니 그 어디나 하늘나라" 그렇습니다. 저와 세부팀 멤버들이 비전트립 14일의 기간 동안 매일같이 말했던 것은 "와! 이곳은 진짜 천국 같다", "천국에 간다면 이런 느낌일 것이다", "천국은 더 완벽할 텐데 얼마나 좋을까?" 이런 행복한 말들을 수없이 했던 것 같습니다.

이것은 세부 땅이 유독 따뜻해서 햇살이 밝아서 살기 좋아서 천국이란 것이 아니라 그곳이 어느 곳이든 늘 예수님과 동행하니 모든 순간, 모든 시간, 모든 공간이 하늘나라 같았던 것이었습니다. 그러면서 저는 우리 여행의 테마인 '비전'을 보게 됐습니다.

매일 주님과 동행하는 것, 고아들을 섬기며 아이들을 전심으로 사랑하며 그 손길을 느끼고 그 아름다운 순간들 속에서 찬양하며 기뻐 화답하며 그 나라를 누리며 사는 것, 그것이 저의 비전 제가 가야 할 길임을 확신하게 됐습니다.

저는 그때 누렸던 천국이 제 삶에 너무나 강렬합니다. 그때 그 경험들을 잊지 못합니다. 늘 천국을 소망합니다. 아니 갈망합니다. 이곳이 세부 땅이 아니라도 그 어느 곳이라도 제가 밟는 땅이 천국이기를 바라며 살아갑니다.

세부에서 20살 첫사랑의 김찬솔은 어느새 28살이 됐지만 여전히 계속해서 비전트립 중입니다. 때론 갈림길에서 잘못된 길로 가기도 하고 큰 폭풍우 앞에 멈춰서 있기도 하겠지만 제가 누렸던 천국의 달콤한 맛을 잊지 못하기에 계속해서 천국을 갈망하며 나아갈 것입니다. 진짜 목마름과 굶주림이 없는 그곳을 늘 소망하며 이 비전트립을 잘 마무리하길 늘 하나님의 임재 속에 있기를 간절히 바랍니다.

끝으로 또 생각나는 찬양을 좀 나누고 글을 줄이겠습니다.

"주의 장막에서 한날이 궁정에서 천날보다 좋사오니 주의 성산에서 한날이 궁궐에서 천날보다 좋사오니 나의 영혼 주님을 기뻐해 주의 사랑 날 완전케 사네" 아멘.

마커스의 '주의 장막에서'라는 찬양입니다.

# 어디에서든지 역사하시는 하나님을 기대합니다

신지환 청년

요즘도 추운 날씨와 새해의 시작이 찾아오면 매년 떠났던 비전트립이 생각납니다. 추운 날씨에 껴입은 외투를 교회 버스에 벗어 던지고 탔던 비행기, 옆자리에 앉은 동역자들과 여러 이야기를 하며 한껏 사역에 대한 기대를 나눴던 시간! 비행기에서 내리자마자 느껴지는 익숙지 않은 덥고 습한 날씨 등 비전트립에 대한 기억들이 아직도 생생합니다.

제 간증은 짧고 내세울 것 없이 부족하지만, 아직 비전트립을 다녀오지 못한 또는 비전트립에 대한 고민을 하고 계신 모든 분에게 조심스럽지만 조금이나마 도움이 되기 위해 간증하려 합니다.

저는 마닐라에 갔던 비전트립에 대해서 나누고자 합니다. 저는 다섯 번에 걸쳐 마닐라 비전트립을 다녀왔습니다. 지금도 다른 동역자들에게 비전트립 사역지를 추천한다면 매번 고민하지 않고 마닐라를 추천할 정도로 마닐라를 통해 저에게 이야기하시고, 역사하시는 하나님을 경험했기 때문입니다.

우선, 특별히 마닐라에서만 경험할 수 있는 것들이 있습니다. 먼저 마닐라의 UP(University of Philippines)대학에는 모두가 반할만큼 넓고 아름다운 캠퍼스와 다양한 대학생들이 있습니다. 그곳에서 우리는 필리핀 친구를 만들기 위해, 또 그들에게 우리가 믿는 신앙과 살아온 삶을 나누기 위해 무작정 대학생들에게 다가가 부족한 영어로 준비한 자기소개를 하고, K-pop이나 한국 드라마 등 공통된 관심사로 이야기를 이어나갑니다. 그 이후 점심 식사와 다음에 만날 약속을 정합니다. 그곳에서 필리핀 대학생들과 친구가 되는 과정은 설레기도 하지만 때로는 막막하기도 했습니다.

필리핀 친구를 사귀고 점심 약속을 잡았지만 당일에 약속을 취소하거나 잠적하며 시간이 텅 비어버릴 때도 있고, 하루종일 사람들에게 다가갔지만 간단한 이야기만 나눌 뿐, 마음의 문을 끝까지 열지 않는 사람들도 있습니다. 하지만 생전 처음 보는 우리의 말을 들어주고, 이후에는 볼품없는 영어로 말하는 우리의 간증과 사영리를 듣고 주변 교회를 나가보겠다는 UP 친구들의 모습을 보며 감사했던 순간도 있었습니다.

마닐라에는 UP대학처럼 아름다운 장소도 있지만 세계 3대 빈민가 중 하나인 쓰레기 마을 '톤도'도 있습니다. 그곳은 차에서 내릴 때부터 쓰레기 냄새가 진동합니다. 길거리에서는 당연하다는 듯 바가지로 샤워하는 아이들도 있습니다. 그런 톤에도 마을 한가운데 교회가 있습니다. 우리는 그 교회에서 말은 한마디도 통하지 않지만, 아이들에게 풍선을 만들어주고, 준비해온 워십과 현지 언어인 타갈로그어 찬양을 하면서 그곳에 있는 아이들과 소통할 수 있는 것이 신기했습니다.

이후 그 교회를 위해 할 수 있는 사역(샤워장 공사, 벽 페인트칠 등)을 하고 떠날 때가 되면 그날 처음 만난 것이 무색할 정도로 우리에게 인사해주고, 안아주고, 서툰 발음으로 서로의 이름을 불러주며 아쉬워하는 아이들의 모습 또한 오래 기억에 남습니다.

하나님께서는 그 외에도 참 많은 것으로 우리에게 그곳에서도 역사하시는 하나님의 모습을 경험하게 하시며 작은 것에도 감사하게 하셨습니다.

비전트립 기간 오히려 살쪄서 올 정도로 매일같이 맛있는 밥을 해주시는 사모님! 마닐라에서도 신앙의 불씨가 꺼지지 않도록 '한빛교회'라는 이름으로 매일같이 열정적으로 교회를 섬기시는 최학정 선교사님! 위에 언급한 장소 이외에도 수상가옥, 이주민 지역과 같은 열악한 환경에서도 교회를 세우시고 그곳 사람들을 인도하시는 하나님의 역사하심까지…

한국에서만 살 때는 쉽게 깨닫지 못하는 '언제 어디에서나 모든 이들을 위해 역사하시는 하나님'을 경험할 수 있었습니다.

또한 어떠한 환경 속에서도 신앙을 지켜나가기 위해 노력하는 그곳의 사람들을 볼 때 내 삶 속에 작은 걸림돌이라도 있다면 그곳에 넘어지고 나의 죄 때문에 신앙에 걸림이 되는 것임에도 불구하고, 하나님께서는 왜 나를 위해 내 삶을 평탄하게 하지 않으시냐며 죄 많은 나의 모습을 감추기 위해 하나님께 도리어 투정하고 불평하는 모습을 비추어보게 하시고 회개하게 하셨습니다.

더욱 신기한 것은 매년 같은 마닐라에 비전트립을 가더라도 하나님께서는 늘 새로운 것을 보여주시고 가르쳐 주신다는 것입니다. 그래서 저는 비전트립에 가기 전, '하나님께서 이번에는 어떤 하나님으로 나를 찾아오실까?' 하는 기대감으로 준비했던 기억이 납니다.

앞으로도 마닐라 비전트립을 가시는 모든 분께서 온전히 그곳에도 계시는 하나님을 경험할 수 있기를 간절히 기도하는 마음으로 간증을 끝마치려 합니다.

지금도 마닐라에서도, 한국에서도 어디에서든지 역사하시는 하나님을 기대합니다! 아멘!

# 태국이 하나님을 예배하기를 소망합니다

박미지 청년

저는 청년2부 '말쌂'(말씀이 삶이 되다) 목장의 박미지입니다. 태국은 저에게 아주 특별한 나라입니다. 동아리에서 선교훈련으로 태국에서 10개월을 지내고 한국으로 돌아와 툰차녹이라는 동역자를 만나게 하셨으며 그렇게 3번째 태국에 비전트립을 다녀오는 은혜를 허락하셨습니다. 대오를 이뤄 함께 기도와 물질로 동역해주신 교회공동체에 감사합니다.

태국은 우상숭배의 나라이자 불교는 그들의 삶이자 문화입니다. 거리에 어느 곳에 시선을 두어도 신상이 가득합니다. 왕권 또한 태국의 견고한 진입니다. 타락의 가속화는 성을 모호하게 하고, 마약을 합법화로 즐기며 이를 자유라고 여깁니다. 자기의 소견에 옳은 대로의 삶을 굳이 상상하지 않아도, 특별한 곳을 찾아가지 않아도 타락을 일상처럼 보게 됩니다.

　선교역사는 길지만 그때나 지금이나 태국의 복음화율은 여전히 1% 채 되지 않습니다. 하나님은 예배를 통해 그 1%의 동역자를 만나게 하셨습니다. 낯선 언어로 들려지는 복음, 전혀 이해할 수 없었지만 이들과 함께 예배의 현장에 있는 것만으로도 기쁨과 은혜가 넘쳤습니다. 환대 속에서 우리가 주 안에서 가족 됨을 느꼈을 때의 환희는 아직도 선명합니다. 그토록 원하던 진정한 자유는 예배를 통해 극명하게 드러났습니다.

　현재 툰차녹 전도사님께서 후아야이교회에서 약 2년째 사역하고 있습니다. 약 두 달 동안은 성도가 오지 않아 홀로 예배해야만 했다고 들었습니다. 기도로 동역하지 못했던 지난날이 후회되는 순간이었습니다.

　전대원 선교사님께선 후아야이교회를 건축하신 후 현지 목사님께서 사역하시는 두 번째 교회를 건축하셨습니다. 그렇게 한국과 태국을 오가며 복음화를 위해 헌신하고 계십니다. 태국을 향한 하나님의 뜻과 마음에 응답한 분들의 수고로 비전트립을 안전하게 은혜 가운데 누릴 수 있었습니다.

　오전은 태국을 둘러보며 그 나라를 눈으로 담고, 오후에는 아이들과 방과 후 사역(한국어교실, 복음 레크레이션)을 하며 마음으로 담습니다. 이에 애통함과 기대함이 교차됩니다. 그 마음에 인간적인 열심을 내어 낙심하기도 하고, 분주함으로 하나님의 뜻을 구하지 않는 어리석음을 범할 때도 있었습니다.

　반복된 넘어짐으로 배운 것은 성령충만과 기도의 중요성입니다. 내 경험과 생각이 앞설 때마다 들려지는 말씀과 동역자들은 하나님의 일 하심을 온전히 누릴 수 있도록 격려했고 다만 기도하게 했습니다. 신기하게도 행복이 가득한 날의 연속이었습니다. 그뿐만 아니라 그 땅은 분명 덥고 습하여 날씨로도 우릴 쉽게 지치게 하고, 피곤은 쌓이고, 또한 사역의 틀어짐과 아이들의 수와 반응들은 초조함을 안겨줄 법하지만 성령 충만한 무리는 그저 감사하며 서로를 신뢰하고 하나님께서 하실 것을 기대했습니다.

우리가 만나는 아이들은 대부분 하나님을 모릅니다. 단지 한국 사람이 좋아서, 선물을 받으려고, 놀기 위해서 발걸음을 했지만 약 5일간의 만남에서 분명 복음이 심겨집니다. 언어를 넘어 우리가 서로 사랑하는 모습을 통해 이로써 그리스도의 제자인 줄 알고, 이 사랑은 아이들에게 흘러갑니다. 빠르게 정들었고 눈물로 서로를 보내며 다시 이곳에서 보기를 약속했습니다. 그렇게 4년이 지난 후 자라게 하시는 하나님을 보았습니다. 짧은 만남이지만 그 가운데 영원이 심겨진다는 것은 놀라운 일입니다.

선교의 목표는 예배라고 합니다. 예배의 본질이자 핵심은 바로 그리스도 안에서 하나님으로 인해 만족을 누리는 그 경험이라 배웠습니다. 우리가 만난 아이들이, 태국과 열방이 하나님을 예배하게 되기를 간절히 소망합니다.

헌신하는 선교사님과 믿음을 지켜내는 현지 그리스도인 그리고 그 땅을 위해 기도와 삶으로 동역하는 저와 선교팀이 됐으면 좋겠습니다.

# 의령에서 함양까지, 함양에서 땅끝까지

### 서우석 목사

사랑이꽃피는교회 국내전도여행은 2010년 시작됐습니다. 첫해는 경남 의령으로 베이스캠프를 정하고 3박 4일 동안 여름방학에 전교인이 떠나는 아웃팅 프로그램이었습니다. 점차 자리를 잡아 의령에 10개 마을을 정하고 교회 성도들을 10개조로 나누어 4년 동안 같은 마을로 지역봉사를 진행했습니다.

의령에서의 전도여행은 4년동안 지속했습니다. 그곳에서 많은 일이 있었고 지역 어르신들과 좋은 관계들을 맺고 지냈습니다. 그런데 지역과 교회의 형편상 장소를 이동해야 할 상황이 생겼습니다.

1년에 4일이지만 매년 만나는 만남은 많은 이야기를 만들어 냅니다. 그래서 타지역으로 지역이동을 할 때 고려한 것이 사역의 지속성이었습니다.

2013년 함양지역으로 옮긴 이후 전도여행 사역은 본격적으로 자리를 잡습니다. 함양지역 서상면, 서하면 중심으로 10개 마을을 정했습니다. 봉전교회 이석명 목사님의 도움이 컸습니다. 지역 형편을 잘 알고 계시고 주민들과 맺어주신 관계 덕분에 우리가 원하는 사역을 진행하기가 수월했습니다. 마을이장님과 회관 등을 빌려 잔치를 열어 드리는 일을 위해 전교인이 힘을 쏟았습니다. 황산교회 음남수 전도사님, 운곡교회 이덕영 목사님의 도움도 컸습니다.

코로나로 방문의 제한이 걸리기 전까지 6년 동안 꾸준히 협력해 주셨기에 가능한 사역이었습니다.

우리 교회 전도여행팀은 7~8개 부서의 협력으로 준비됩니다. 본부, 총무부, 재정부, 차량부, 시설부, 조장부, 프로그램진행부, 마을잔치준비팀으로 구성된 준비팀은 대부분이 30대입니다. 수년간 모임을 준비하며 팀장님들이 경험이 쌓일만한 나이가 되면 세대교체를 이루었습니다. 청년들을 미리 부서에 속하게 해서 부장을 맡아 진행할 경험을 쌓게 하는 형태로 세대교체를 준비 했습니다. 조장부도 21~23세 대학생들이 합니다. 실제로 청년부에서는 리더를 하지 않는 어린 나이지만 전교인이 함께하는 사역에서 10여 명의 조원들을 이끌고 사역을 거뜬히 해내는 정도까지 진행됐습니다.

코로나 3년을 제외하고서도 의령 4회, 함양 6회를 진행한 이 전도여행 사역은 온 교회가 여름 휴가를 함께 포기하고 한 가치를 추구해야 가능한 사역입니다. 3박 4일 전체 참여가 힘든 성도들은 하루라도 함께하며 마음과 뜻을 모읍니다. 60~70대 어르신들이 20살 청년들의 구호에 맞추어 춤을 추기도 하고 성극의 주연이 되어 마을 어르신들에게 즐거움도 드립니다. 아마 2030이 이렇게 주도적으로 사역하는 장은 흔하지 않을 것입니다. 그들에게 실패하고 실수할 기회를 제공하고 교회의 핵심인 성도로서 살아가도록 돕는 중요한 사역입니다.

수개월 전부터 준비팀이 소집되고, 프로그램, 장소, 전도훈련, 전도용품, 마을잔치, 조별 발표회, 식사 등 사역 전반을 논의합니다. 본부장으로 목사가 참여하지만 대부분의 진행과 준비는 총무부장을 중심으로 진행합니다.

전도여행 전 조별 모임을 교회에서 진행하는데, 그때 20~21살 조장들이 조모임과 현장에서의 사역 준비를 함께 합니다. 처음에는 '20대 초반 학생들이 어르신들을 모시고 잘 진행할 수 있을까?'라는 의구심이 있었습니다. 그러나 매주 독거노인 반찬봉사를 통해서 어르신들과 관계를 지속적으로 맺어온 청년들은 걱정이 무색할 만큼 조모임도 잘 진행하고 마을에 가서도 어르신들과 잘 지냅니다. 이는 넉넉히 기다려주시고 응원해주시는 본 교회 장년 성도들의 도움도 크다고 생각합니다. 청년들이 도전하고 실수할 수 있는 장이 허락되고 온 교회가 하나되는 사역이 국내전도여행입니다.

3년 만에 다시 전도여행을 준비합니다. 지역교회와 마을에 협조를 구하고 교회 준비팀을 꾸리고 있습니다. 경남 함양 10개 마을의 어르신들이 어떻게 지내셨는지, 밝은 웃음으로 점심을 대접해 주시던 윗마을 할머니는 잘 계시는지 궁금하고 설렘이 가득합니다.

수백의 성도들이 3박 4일간 서로 어울려 복음과 봉사를 위해 애쓰며 이룰 하나님 나라를 생각하니 가슴이 웅장해집니다.

# 어르신들을 만나며 배운 복음으로 사는 법

서하준 학생

제가 국내전도여행에 참석한 이유는 그냥 형들과 친구들과 함께 노는 곳이라고 생각했습니다. 하지만 지역 전도를 하면서 반정마을에 갔는데 몇 번 가서 그런지 할머니, 할아버지들께서 저를 반겨주셔서 너무 기분이 좋았습니다. 할머니, 할아버지를 뵈러 가는데 빨간 감자가 맛있어서 좋았습니다. 할머니, 할아버지들께서 먼저 인사해주실 때까지 기다리는 것이 아닌 제가 먼저 다가가서 꿀 스틱, 진통제, 물티슈를 드렸습니다. 그러니 할머니, 할아버지께서도 다가와 주시는 것 같았습니다. 그리고 음식을 만들어주신 분들이 맛있는 음식을 해주셔서 감사했습니다.

예찬 쌤과 기도할 때 가장 기억에 남는 말이 하나님은 우리의 마음에 있는 문을 두드리고 계신다는 내용입니다. 그 문을 열면 하나님과 함께할 수 있다는 말이 가장 감동적이었습니다. 그래서 하나님께서 저의 문에 들어오신 것 같았습니다. 저는 작고 연약해서 아무것도 할 수 없지만 제가 노력하는 것이 아니라 하나님의 도움을 받는 삶을 살기를 원합니다.

반정마을에서 만난 김옥순 할머니께서도 할아버지가 돌아가셔서 외롭고 슬프시겠지만 그 아픔을 털어 놓아주셔서 너무 감사했습니다. 저는 이제까지 전도 여행을 가면 맨날 축구만 하고 지역 전도를 나갈 때 게임만 했지만 이제는 '그 시간에 조금이라도 하나님께 기도드렸으면 얼마나 좋았을까?'라는 후회가 됩니다.

제가 많은 할머니, 할아버지를 만났지만 이렇게 반겨주실 줄은 상상도 하지 못했습니다. 축구만 하던 제가 이제는 저의 삶을 바꿔서 기도와 예배, 찬송으로 되돌려 드려야겠습니다. 하나님이 김옥순 할머니가 이제 성경을 읽고 찬송하며 제가 이 세상에서 사라질 때 천국에서 만났으면 좋겠습니다. 하나님이 저에게 영생을 주세요! 그리고 반정마을에 계시는 할머니, 할아버지들께서 복음을 알았으면 좋겠습니다. 그리고 할머니, 할아버지들을 내년에도 꼭 만났으면 좋겠습니다.

이제부터 기도하며 사는 삶으로 바꿔 살 수 있도록 노력해야겠습니다. 특강을 들으면서 비록 잘 듣지는 못했지만 다음에도 이런 특강을 들을 때 조금 더 장난치지 않고 집중해서 들어야겠습니다.


※ 본글은 현재 중3 서하준 학생이 5학년 때 전도여행 마치는 날 소감문으로 작성한 글입니다.

# 이 지역에 복음을 듣지 못한
# 하나님의 백성이 아직 많습니다

### 구예찬 전도사

우리 교회는 늘 전도해왔습니다. 다양한 장소에서 할 수 있는 모든 방법으로 전도해왔습니다. 다른 지역에 가서 복음을 전하기도 하고 우리가 터전으로 삼고 있는 진량읍, 하양읍을 다니며 복음을 전했습니다. 노방전도를 하기도 하고 아파트 단지를 돌며 집집마다 전도하기도 하고 소그룹으로 모여 관계 전도를 하기도 했습니다. 그 수많은 전도의 시도 중 하나로 우리가 사는 지역 아파트 단지들을 중심으로 노방전도를 한 것을 우리는 '지역전도'라고 사역의 이름을 붙였습니다.

우리 교회 지역전도는 몇몇 여성도님들 중심으로 꾸려진 전도팀의 노방전도가 시작이었습니다. 그러다가 대구대학교 CCC가 여름수련회 후에 있는 도시전도 훈련의 베이스캠프를 우리 교회로 삼으면서 대구대 CCC팀과 우리 교회 성도들이 함께 6월 마지막 주 혹은 7월 첫 주한 주간 전도하게 됐습니다. 그렇게 수년간 함께 전도하다가 대구대 CCC는 도시전도 베이스캠프를 다른 교회로 옮기게 되었고 우리 교회는 다른 여러 전도사역이 활발해지면서 지역전도는 조용히 사라지는 듯했습니다.

그러다가 COVID-19라는 감염병이 온 세계를 뒤덮는 시절이 찾아왔습니다. 국가의 경제 활동이나 시민들의 사적 활동까지 제한되는 상황에서 자연스럽게 교회의 여러 사역도 제한을 받게 됐습니다. 함께 모여 예배하는 것조차 자유롭지 못한 상황이었습니다. 그렇게 2~3년을 전도는커녕 예배도 마음껏 드리지 못하게 됐습니다.

2년 정도 혼란스러운 시기를 보내다가 우리 안에 문득 이런 마음이 생겼습니다. '많은 사람이 모여 예배드리는 것이 제한받는 것이지 한두 명에게 전도하는 것은 제한받은 적 없지 않나?', '이런 때일수록 소외되고 외로운 사람들에게 복음은 더욱 필요하지 않을까?'

방학의 핵심 사역들이었던 국내전도여행, 국외전도여행을 가지 못하게 되면서 전도가 무엇인지, 복음이 무엇인지 분명한 경험과 이해가 점차 흐릿해지는 다음 세대 청년들이 보이기 시작했습니다. 게다가 충격적이게도 그들에게는 전도하며 기도하고 걷고 울고 웃으며 전우애를 함께 느낀 추억이 없다는 것도 깨닫게 됐습니다. 교회 밖에 있는 사람들에게도 복음이 필요하겠지만, 교회 안에 있는 우리에게도 더 깊은 복음의 경험이 필요하겠다는 생각이 들었습니다.

이 두 가지 이유 모두를 충족시킬 수 있는 사역이 바로 지역전도였습니다. 온 세상이 COVID 소식으로만 뒤덮여있는 이때 다시 그리스도의 복음이라는 기쁜 소식이 우리 지역에만이라도 들리도록 하고 싶었습니다. 그리고 우리 교회의 다음 세대 청년들에게 더 깊고 찐한 복음의 추억을 만들어주고 싶었습니다. 그렇게 우리 교회는 다시 지역전도를 시작하게 됐습니다.

대학교의 방학 직후 한 주간을 지역전도 주간으로 보냅니다. 지역전도 전 한 주간동안 매일 아침 기도 모임을 하고 그 주말에는 사영리 전도법 특별훈련을 받습니다. 그리고 지역전도 기간에는 교회에서 함께 숙식하며 매일 오전과 오후에는 전도하고 저녁에는 함께 복음 전도를 두고 기도합니다.

지역전도가 다시 시작되자 우리 안에 분명한 복음 전도의 열매가 보이고 있습니다. 우리가 사는 지역 이곳저곳에서 복음의 소식이 들립니다. 전도하는 청년들은 우리 안에 있는 복음이 무엇인지 더 깊이 고민하고 경험하게 됩니다. 그리고 우리가 예상하지 못했던 사람과 장소에서 복음 전도의 결실도 보고 있습니다.

참 감사합니다. 우리에게 다시 이 지역에 복음을 전도하게 마음을 주시고 사역을 시작하게 하신 하나님께 감사합니다. 복음의 주인이신 하나님께서 오늘도 우리에게 말씀하십니다.


"두려워하지 말며 침묵하지 말고 말하라 내가 너와 함께 있으매 어떤 사람도 너를 대적하여 해롭게 할 자가 없을 것이니 이는 이 성중에 내 백성이 많음이라"(행 18:9-10).

# 나의 이웃에게 친구가 되는 일

구웅 목사

사랑이꽃피는교회 한국어 교실은 2022년 4월부터 대구대 유학생 4명을 대상으로 시작했습니다. 이 사역을 시작하게 된 계기는 2022년 겨울 사랑이꽃피는교회 청년부를 중심으로 진행했던 지역 비전트립이었습니다. 당시 사랑이꽃피는교회 청년부에서는 경산지역의 대학교 어학당 학생들을 대상으로 전도 활동을 진행했습니다. 그 과정에서 몇몇 어학당 학생들과 관계가 이어지게 되었고 그 관계를 바탕으로 방학이 지나고 학기 중에도 청년들과 함께 교류하는 모임을 만들었습니다. 사랑이꽃피는교회 한국어 교실은 그렇게 시작됐습니다.

한국어 교실이 주로 했던 사역은 어학당 학생들의 숙제를 도와주고 그들과 함께 오후 시간을 보내는 것이었습니다. 사랑이꽃피는교회 한국어 교실은 한국어 공부를 하고 싶어 하지만 한국인을 잘 만날 수 없는 학생들을 대상으로 학교에서 받아 오는 어려운 숙제를 함께 풀고 한국인 친구들을 사귈 수 있도록 하는 것을 목표로 진행됐습니다.

이 사역을 하면서 우리 교회 사역의 일환인 하양 청소년센터(아지트8-1)의 도움을 많이 받았습니다. 한국어 교실 학생들이 접근하기 어려운 위치에 있는 교회가 아니라 학생들이 버스를 타고 쉽게 올 수 있는 하양 청소년센터로 모임 장소를 정했기 때문에 한국어 교실 학생들이 쉽게 접근할 수 있었습니다. 그리고 하양 청소년센터에는 거의 항상 한국인 청년들이 많이 있기 때문에 그들과 교류도 자연스럽게 이루어질 수 있었습니다.

실제로 한국어 교실 학생들은 그렇게 만난 친구들과 자연스럽게 교류하기 시작했고, 마음 맞는 친구들이 함께 가까운 곳에 여행을 다녀오거나 꽃구경을 가기도 했습니다. 이후 어학당에 다니고 있던 인원들이 모두 다른 지역의 학부로 진학하는 바람에 모일 수 있는 인원이 없어서 잠시 쉬기도 했습니다. 그러나 다른 지역으로 떠난 학생들과의 교류는 계속해서 이어지고 있습니다. 한국어 교실에 참여했던 학생 중 하나는 지난여름(2022년) 사랑이꽃피는교회 영어캠프에 영어 원어민 교사로 참여하기도 했습니다.

현재 한국어 교실 사역은 새로운 전기를 맞이하고 있습니다. 2023년 초에 담당 교역자 구웅 목사는 교회의 허락을 통해 한국어 교육 석사 과정을 졸업했습니다. 그리고 인근의 초등학교 병설 유치원에 한국어 강사로 출강하면서 토요일에 학생들 어머니를 대상으로 교회에서 한국어 교실을 새롭게 시작할 수 있게 됐습니다. 자연스럽게 사역의 성격도 많이 바뀌었습니다. 이전의 한국어 교실 사역이 유학생들의 친구가 되어주는 사역이었다고 하면 이제 한국어 교실은 다문화 가정 어머니들에게 한국어를 가르치고 봉사자들은 그동안에 다문화 가정 아이들과 함께 시간을 보내는 사역이 됐습니다. 그리고 한국어 교실이 끝나면 봉사자들이 준비해 주는 식사를 함께하고 교회의 오후 어린이 프로그램에 참여합니다.

앞으로 사랑이꽃피는교회 한국어 교실 사역은 먼저 여러 문화와 배경에서 한국 땅에 찾아온 이 지역의 이주민들과 함께하면서 다문화 공동체를 이루는 것이 목표입니다. 더 나아가 사랑이꽃피는교회가 그렇게 해 온 것처럼 다양한 배경의 이주민들이 함께 서로의 어려움을 돕고 함께 즐거운 일, 어려운 일을 감당하고, 함께 먹고 함께 마시면서 사랑의 공동체성을 키워갈 것입니다. 그 가운데 하나님께서 역사하셔서 이 다문화 공동체가 사도행전의 안디옥교회와 같이 여러 문화가 함께 있으면서도 건강하게 세워져 선교의 역사를 감당하는 작은 교회로 세워져 가기를 바랍니다.

## 한국어교실
# 한국 생활에 자심감이 생겼어요

메모리(Kabugi Memory Muthoni) 학생

During my Korean language program in Daegu, I participated in a lot of activities that would help me understand more about the Korean culture. One of them was that every Wednesday after class, my friends and I would go to a café shop called Azit in Hayang and there we would meet our Korean friend.

He would help us with our Korean homework by explaining to us what we did not understand and it was easier to understand as he could also translate it to us in English. After helping us with our school work, we would take a break by playing board games such as bang and halli galli. It was fun and interesting as we also had to converse in Korean, and this way it helped to improve our Korean speaking abilities. I looked forward to this activity mostly because it helped boost my confidence when it came to speaking in Korean.

Other than meeting at the café to study, we would also meet during the weekends. We got to visit the historical sites such as the Bulguksa temple and Daereungwon tomb complex in Gyeongju, and through his help he explained to us the historical aspect of these places, and through this we were able to learn more about the Korean history which is a vital part in understanding the Korean culture.

Through this engagement, it helped me learn more about the culture and at the same time help boost my confidence when it comes to speaking Korean. I was also able to make more Korean friends and at the same time have fun learning Korean.


저는 대구에서 한국어 프로그램을 하는 동안 한국 문화를 이해하는 데 도움이 되는 활동에 많이 참여했습니다. 그중 하나는 매주 수요일 수업이 끝나면 친구들과 하양에 있는 아지트라는 카페에 가서 한국인 친구를 만나는 한국어 교실이었습니다.

이 프로그램에서는 우리가 이해하지 못한 부분을 설명해 주면서 한국어 숙제를 도와주었고, 영어로 번역해줄 수 있어서 이해하기가 더 쉬웠습니다.

우리는 학교 공부를 도움 받은 후에 뱅과 할리갈리와 같은 보드게임을 하면서 휴식을 취하곤 했습니다. 한국어로 대화하는 것도 재미있고 흥미로웠습니다.

이런 활동이 한국어 말하기 능력을 향상하는 데 도움이 됐습니다. 저는 이 활동이 한국어로 말할 때 제 자신감을 높이는 데 도움이 되었기 때문에 이 활동을 기대했습니다.

우리는 공부를 위해 카페에서 만나는 것 외에도 주말에 만나곤 했습니다. 우리는 경주에 있는 불국사와 대릉원 단지와 같은 역사적인 장소들을 방문했습니다. 친구들은 우리에게 이 장소들의 역사적인 면을 설명해 주었습니다. 우리는 이것을 통해 한국 문화를 이해하는데 필수적인 한국 역사에 대해 더 많이 배울 수 있었습니다.

이 프로그램을 통해, 문화에 대해 더 많이 배울 수 있도록 도움을 받았고 동시에 한국어를 말할 때 나의 자신감을 높이는 데 도움이 됐습니다. 저는 또한 더 많은 한국인 친구들을 사귈 수 있었고 동시에 한국어를 배우는 것을 재미있게 할 수 있었습니다.

# 선교팀(국내)

# 한국어교실

# 5부

# 서로를
# 꽃피우는 교회

# 성도들의 발이 되어 섬깁니다

구웅 목사

사랑이꽃피는교회 차량운행팀은 사랑이꽃피는교회가 하나님 나라를 위해 열심히 뛸 수 있도록 발이 되어주는 사역입니다. 사역에 대해 간단한 소개를 하겠습니다.

2023년 1월 현재 43명의 성도님이 차량운행팀 사역 그룹에 속해 계십니다. 주일 아침부터 시작해서 수시로 차량운행팀의 섬김이 계속됩니다. 주일 2부예배 운행을 시작으로, 주일 교사 운행, 3부예배 운행, 각 예배 귀가 운행, 주일 저녁 운동모임 운행과 귀가 운행으로 주일 운행이 끝납니다.

그렇게 주일 운행이 끝나고 나면 주중 운행 사역이 있습니다. 보통 교회에서는 주중에 하는 운행이란 새벽기도와 수요기도, 금요기도 운행 정도입니다. 그러나 사랑이꽃피는교회의 운행은 그렇지 않습니다.

월요일부터 금요일 오후에는 초등방과후 운행이 있습니다. 오후 1시에서 3시까지 두 대의 차량이 3~4번씩 운행을 나가서 학교를 마친 초등학생들을 교회로 태워 옵니다. 그리고 저녁에는 중등방과후 운행이 있습니다. 학교를 마치고 집에서 저녁을 먹은 중등부 방과후학교 학생들을 6시 반에 교회로 태워옵니다. 그리고 수업이 마치는 9시에 집으로 태워줍니다.

이뿐만 아니라 평일에는 저녁기도회 운행이 있습니다. 8시까지 자차로 기도회에 참석하기 어려운 청년들을 위한 운행을 하고 기도회가 마친 후 9시 반에는 각지로 귀가 운행을 갑니다. 그리고 금요일에는 저녁 8시에 리더모임과 저녁 9시에 금요기도회가 있어서 각각 운행을 합니다. 이렇게 리더모임과 금요기도회를 마치고 나면 11시가 넘습니다. 그 시간에도 차량운행팀이 귀가 운행을 나갑니다. 귀가 운행으로 먼 곳을 가는 경우 12시를 훌쩍 넘긴 시간에 운행이 끝나기도 합니다.

토요일에도 운행팀의 사역은 쉴 수가 없습니다. 토요일 오후에 있는 교회의 각종 사역을 위해서 또 열심히 사역에 헌신합니다. 독거노인 분들에게 반찬을 가지고 찾아가 방문하는 반찬봉사 사역을 위한 운행이 1시 반부터 4시까지 있습니다. 토요일 오후 시간에 교회의 아이들을 돌봐주는 주말학교 사역을 위해 3대의 차량이 두 번 운행을 합니다. 그 외에도 사역별, 부서별 모임이 있는 경우 차량이 사용되고 그때마다 차량운행팀의 헌신이 빛납니다. 그렇게 오후 사역이 마무리되면 주일 예배를 준비하는 2부 예배와 3부 예배, 중고등부 찬양팀 연습이 있습니다. 이 연습을 위해서도 물론 운행이 필요합니다.

마지막으로 사랑이꽃피는교회 학사 공동체 모임이 토요일에 있어서 한 달에 한 번 정도는 저녁에 차량운행을 합니다. 그렇게 학사 공동체 모임 차량운행을 마지막으로 주일 아침부터 시작된 사랑이꽃피는교회 차량운행팀의 일주일간 사역이 끝이 납니다. 그리고 이렇게 적은 사역들 이외에도 교회에서 하는 사역이 있으면 차량운행팀의 도움이 필요한 경우가 대부분입니다.

차량운행팀의 사역을 하나하나 설명하면 '어떻게 이렇게 많은 운행을 할 수 있는가?' 하는 생각이 들고는 합니다. 그리고 사실 이렇게 많은 운행을 해내는 것이 쉬운 일은 아닙니다. 앞서 이야기한 43명의 차량운행팀원의 적극적인 헌신이 있어서 이 모든 사역을 감당할 수 있습니다. 이렇게 성도님들의 헌신과 노력으로 운영되는 차량운행팀의 사역 의미는 한 가지입니다. 사람이 모일 수 있게 하는 것입니다.

모든 교회의 사역이 그렇겠지만 사랑이꽃피는교회의 사역은 그 무엇보다도 공동체가 중심에 있습니다. 공동체가 공동체로 존재하기 위해서는 무엇이 필요할까요? 여러 가지를 이야기할 수 있을 것입니다만, 공동체가 공동체로 있기 위해서는 만나는 일이 무엇보다도 중요합니다. 만나지 않고서 서로 사랑하고 서로를 위하고 서로 희생하며 자신을 죽이고 상대를 살게 하고 그 삶으로 주님께 영광을 돌리고 하나님 나라가 이루어지는 일이 시작될 수가 없습니다.

물론 코로나19의 영향 이후 대면하지 않고 온라인을 통해 만나는 길이 여러 가지로 생겼다고는 합니다. 그리고 그런 방식으로라도 얼굴을 보고 이야기를 하는 것이 참 의미가 있습니다. 그럼에도 불구하고 사람이 사람을 알아가고 서로 이해하기 위해서는 만나야 합니다. 차량운행팀은 그 일을 위해 헌신하고 있습니다.

오늘도 우리 교회 어딘가에서는 운행해 달라는 청년들의, 주일학교 학생들의 이야기를 듣고 차량 키를 챙겨 운행을 나가는 차량운행팀이 있을 것입니다. 그렇게 우리는 사랑이꽃피는교회 공동체가 모이기를 힘쓸 수 있도록 헌신하고 있습니다.

# 구원열차 운전자의 마음으로

정희석 청년

저는 청년 3부 온유공동체 A2 박정현 목장의 정희석입니다. 교회 70주년 기념책에 저의 글을 기고할 수 있음에 영광입니다. 제가 운행사역을 통해 느꼈던 점과 받았던 은혜와 감사에 대해 나누고자 합니다.

코로나가 기승을 부리기 시작했던 3년 전 겨울, 운행사역에 동참했습니다. 그 시기에 학사 한 곳에서 여러 형제가 다 같이 생활을 했습니다. 비좁았지만 따뜻했고, 북적거렸지만 가족 같았습니다.

매일 밤 기도회로 모여 찬양하고 기도했습니다. 성령 충만의 절정을 달려갈 때 다시 회복될 날을 기다리며, 여러 사역에 함께하고 싶었습니다. 제가 할 수 있는 것이 무엇인지 고민하던 찰나, 학사원 필수 코스인 운행사역이 떠올랐습니다. 그리고 '가족한테 운전 연수를 받지 말라'는 말이 있지만 이는 가볍게 무시한 채, 학사 가족인 전도사님들께 연수를 받았습니다. 미숙한 운전 실력에 많이 당황하고 놀라셨을 테지만, 그런 기색 하나도 없이 따뜻한 말과 힘을 주시는 말로 주님의 은혜로 안전하게 연수를 마칠 수 있었습니다.

운전 연수를 마치고, 단순히 운전이 재미있다는 이유만으로 잡히는 대로 운행을 했습니다. 점점 시간이 지날수록 그 재미는 사라져갔지만 지금은 운행을 통해 여러 공동체 구성원들을 만나 이야기를 나누는 그 교제의 시간이 참 좋습니다. 운행의 새로운 재미와 기쁨을 발견할 수 있음에 감사합니다.

운행하면서 참 많은 일이 있었습니다. 차 열쇠를 집에 들고 온다든지, 깜빡하고 운행지를 놓친다든지, 시간을 헷갈려 늦게 출발한다든지 등 많은 실수와 착오들을 저질렀습니다. 그럼에도 괜찮다고 말씀해 주시며 오히려 위로와 응원의 말을 건네주시던 지체들에게 감사합니다. 또, 평소 계획적인 성격과 공명심에 불타올라 급하게 차를 몰고 속도를 내어 차량이 구원열차가 되었음에도 아무 말씀 안 하시고 인내해 주시는 여러 지체의 신앙과 구원의 확신은 저의 신앙생활에 촉매제가 되었음에 틀림없음을 고백합니다.

저는 사랑이꽃피는교회에 출석하고 있었던 차량들을 기억합니다. 4232, 8711 지금은 없지만 추억의 친구들도 있고 8856, 9882, 4561과 같이 여전히 함께하는 친구들도 있으며 3487, 4363 새로 들어온 친구들도 있습니다.

이 친구들이 자신들의 성능을 뽐낼 수 있는 이유는 매일같이 차량을 손수 돌보시고 점검하시는 관리 집사님, 이의재 집사님 덕분인 줄로 압니다. 집사님 덕분에 저와 같이 운전이 미숙하고 거칠게 다뤄도 성도님들이 안전하게 교회로 들어오시고 귀가하실 수 있다고 생각합니다. 항상 교회를 위해 열심히 땀 흘리시는 집사님께 심심한 감사의 인사를 전합니다.

우리 교회는 경산 외곽인 보인동에 있습니다. 그래서 우리 교인 특성은 다른 지역에 거주하시는 분들이 참 많다는 것입니다. 하지만 그만큼 운행 시스템이 잘 되어 있습니다. 이는 운행에 힘써주시는 여러 교역자님, 장로님, 집사님 그리고 청년들이 있기에 가능한 일입니다. 항상 운행 사역에 동참하셔서 힘써주시는 운행 사역자분들께 무척 감사합니다.

# 전문가는 없지만 헌신자는 많습니다

배성환 전도사

**예배의 숨은 섬김이 방송팀**

모든 사역에도 수고와 헌신이 값지지만 방송팀 섬김은 보이지 않는 곳에서 예배를 섬기고 있습니다. 모든 사역팀이 수고하지만 거의 모든 사역에서 방송/음향 장비가 사용되는 횟수는 어마어마합니다. 교회의 사역이 늘면서 매일 기도회, 그 외의 여러 사역 때마다 방송팀은 필수가 된 상황입니다. 잦은 섬김과 때때로 성도님들의 요구를 맞추기가 쉽지 않아서 마음고생을 하는 지체들도 보입니다. 하지만 묵묵하게 섬기고 있는 여러 지체가 있어 마땅히 감당하고 있습니다. .

3년 전부터 찾아온 코로나 펜데믹으로 방송팀에도 많은 변화가 있었습니다. 그것은 예배를 유튜브 라이브로 송출하는 것이었습니다. 업체를 통해 준비하기보다 장비 하나하나를 해외직구로 구입해 총 300

여만 원에 절약했을 때는 무지 감사하고 기뻤습니다. 하지만… 방송이 안정화 되기까지는 수많은 시행착오를 통해 배워나가며 많은 추억을 쌓았습니다.

전문가는 없지만 헌신자는 많습니다. 방송팀 섬김이는 총 48명입니다. 평일기도회, 금요성령집회, 주일 1,2,3부 예배 섬김 스케줄을 조율하고 섬기는 매니저의 역할도 큽니다.

사역이 많을수록 전체의 균형이 중요하다고 생각하고 섬김을 요청합니다. 최대한 많은 봉사자가 언제든 사역에 동참하도록 지도하고 있습니다. 언제나 묵묵히 섬겨주는 이들이 감사할 따름입니다.

## 매일 저녁 펼쳐지는 찬양과 기도의 예배

2년 전부터 평일기도회 시간을 새벽에서 저녁으로 옮기면서 더 많은 찬양팀의 섬김 자원이 필요했습니다. 평일 저녁 7시까지 나와서 찬양팀으로 섬긴다는 것은 바쁜 청년들에게 쉬운 일이 아닙니다. 하지만 귀한 사역에 기꺼이 헌신해 주는 찬양팀 지체들이 97명이 됩니다. 97명의 청년이 귀한 예배를 아름다운 찬양으로 섬기고 있습니다.

매일 저녁 기도회를 인도하는 리더들이 있습니다. 인도자를 확보하기 위해 찬양팀의 여러 친구가 찬양 인도를 연습합니다. 어찌 보면 매끄럽지도, 기술적으로도 뛰어나지 않을지 모르겠습니다. 그러나 누구보다 겸손히 예배를 준비하고 기도할 찬양인도자와 찬양팀이 있기 때문에 온 성도들이 큰 유익을 누리고 있습니다.

금요찬양팀 사역은 성도들이 영성에 재충전을 받게 되는 시간입니다. 그동안 경험한 기도회 현장 가운데 단언컨대 성령의 뜨거운 임재를 맛보는 시간이 금요성령집회입니다. 기도회를 인도하시는 목사님의 기도선포가 온 공동체의 마음을 울리고 하나님께 흠향 되는 기도로 올라가는 모습들을 볼 때 뜨거운 은혜를 누립니다. 이를 위해 금요찬양팀은 금요일기도회 전부터 모여 연습과 교제를 진행하고 있습니다.

귀한 사역들을 감당하게 됨이 기쁨이고 감사입니다. 목회자 후보생으로 훈련받으면서 흠 많은 저를 용납하고 사랑해 주신 교역자님들에 귀한 추억들이 많이 떠오릅니다. 받은 귀한 사랑을 전할 수 있는 하나님 나라를 누리고 세워가는 목회자로 계속해서 훈련받길 기도합니다. 감사합니다.

# 어려움 속에서도 붙들게 되는 은혜의 자리

## 도다훈 청년

제가 처음으로 이 사역을 맡게 된 것은 고등학교 2학년 때부터였습니다. 첫 섬김은 금요기도회였습니다. 그날 마침 음향을 맡아주시는 분들이 다들 사정이 생겨 못 오게 되어 음향에 대해 잘 모르시는 담당 교역자셨던 장덕신 목사님과 함께 음향을 관리해 보았습니다. 물론 처음이라서 전문적인 음향 지식이 전무했지만 형 누나들의 어깨너머로 본 것들을 떠올리며 하나씩 헤쳐나가며 섬겼습니다. 이일을 계기로 하여 음향 사역을 섬기게 됐습니다. 벌써 사역이 10년을 섬겼습니다.

처음에 당연히 많은 실수도 했습니다. 중간에 음향 장비를 실수로 꺼버리기도 하고, 같이 섬기는 교역자와 마음이 맞지 않아서 갈등을 겪기도 했습니다. 하지만 성인이 되고 군대를 갔다 오면서 중간에 많은 일이 있었는데 일단은 같이 섬기던 동역자분들이 모두 바뀌었고 시설도 교체됐습니다. 또다시 처음처럼 갈등과 문제들이 생겼습니다. 이러한 문제가 해소되는 과정에서 친한 분들이 다른 지역으로 가거나, 개인의 사정 때문에 관두는 일이 많았습니다. 그래서 음향 사역을 위해 많은 경우 한 주에 4~5번씩 교회에 있었던 적도 있었습니다.

중간 중간에 정말 관두고 싶은 마음이 들었습니다. 사람들과의 갈등도 싫었고, 무슨 일이 생기면 저를 찾는 것도 싫었고, 음향에 문제가 생기면 저를 보는 시선과 그 웅성거림이 너무 싫었습니다. 그래서 한번은 '조용히 사라질까?' 같은 생각도 많이 했었습니다. 그럼에도 불구하고 음향 사역을 그만두지 않았던 이유는 이 사역을 포기하는 순간 모든 다른 사역과 신앙생활을 포기할 것 같았고, 기도의 자리로 나오기를 포기할 것 같았기 때문입니다. 다행히 저의 이런 기도를 들으셨는지 음향에 관심을 가지는 사람들도 늘어났고, 교역자와의 갈등도 사람의 마음을 움직이시는 주님이 해결해 주셨습니다.

음향 사역을 하면서 안 보는 자리에서의 섬김은 '정말 고독하다'라는 느낌이 듭니다. 나를 제지하는 사람들도 없습니다. 정말 유혹에 빠지기도 쉽습니다. 그러나 섬김의 자리에 나오면서 알아야 하는 점은 하나님은 언제나 함께하시며 그 자리가 남에게 보이는지 안 보이는지는 하나님과 예배의 자리에서는 생각할 필요가 없다는 것입니다. 보이지 않는 자리에 섬기며 주님과 독대하는 시간이 되면 그 섬김은 그 어느 자리보다 기쁘며 행복한 자리가 될 수 있을 것입니다. 그런 섬김이 계속되는 방송팀 사역이 되었으면 좋겠습니다.

# 보이지 않는 곳에서 묵묵히

김의진 청년

저는 2021년도 3월부터 학사에 들어오게 되면서 사랑이꽃피는교회를 섬기기 시작했습니다. 방송팀에 들어온 지 2년이 넘어가는 것 같습니다. 방송팀이라는 사역에 임하면서 새로운 사람들을 만나고 알아가며 낯가리는 성격이 긍정적으로 변하기 시작했습니다. 사랑이꽃피는교회에 적응하는 데 큰 도움이 되어준 것 같아 이런 사역의 자리를 허락하신 하나님께 너무 감사한 마음이 듭니다.

아무것도 모르는 상태였지만 다들 하나같이 잘 가르쳐 주신 덕분에 '음향, 방송, 자막' 이 3가지 분야를 섬길 수 있게 됐습니다. 제 전공이 언론영상입니다. 그래서 그런지 방송실에서 배우는 모든 것들이 너무 즐거웠고 행복했습니다. 좋아하는 걸 하면서 사역으로 임할 수 있다는 게 너무 크게 다가왔던 것 같습니다. 그렇게 2022년, 저는 방송팀 '매니저'라는 역할을 맡게 됐습니다. 방송팀 공지사항이 있다면 알리고, 매주 방송팀 음향엔지니어와 방송, 자막 등 섬김이들의 섬김표를 조율하고 있습니다.

처음엔 부담을 느꼈지만 마음을 비우고 하나님께 맡겨드리고 나니 부담감은 책임감으로 변하였고 맡은 역할에 충실하게 감당하는 법을 배우게 됐습니다.

시간이 흐르면서 좋아하던 사역이 점점 일처럼 느껴질 때면 어리석고 부족했던 저는 불평불만만 늘어놓았지 힘듦의 원인을 찾고 문제를 해결하려 하지 않았던 것 같습니다. 맡은 일이 버겁다는 생각이 들어도 내려놓는 방법을 몰라서 방황하던 때에 교역자분들의 도움으로 지금은 매니저 사역을 내려놓고 방송팀 일원으로 섬기는 중입니다. 참 많은 것을 경험하고 배운 2년이었습니다.

방송팀 사역을 하면서 참 다양한 경험을 했습니다. 플리마켓, 여름성경학교, 가족캠프 등 수 많은 생방송을 구성하고 기획하고 촬영했던 것도 큰 추억으로 남습니다. 컨셉을 정하거나 대본을 짜는 등 생방송을 위해 준비하는 모두가 머리 모아서 완성해가던 과정들이 돌이켜보면 큰 즐거움이었고 기쁨이었습니다. 한 명 한 명의 섬김이 너무 귀하다는 걸 느꼈던 시간이기도 했습니다. 인터뷰를 요청할 때마다 응해주시는 분들 정말 감사합니다. 매번 뒤에서 서포트 해주시는 배성환 전도사님께도 감사합니다.

평일기도회마다, 주일마다 보이지 않는 곳에서 최선을 다해 묵묵히 섬기는 방송팀 섬김이들을 위해 기도해주세요. 오직 하나님 나라 영광을 위해 헌신하는 섬김이들을 기억해주세요. 더욱 기쁨으로 섬기겠습니다. 한 사람 한 사람의 섬김이 헛되지 않게 더욱 낮아짐으로 임하겠습니다.

부족한 저이지만 함께 동역 해주심에 감사합니다. 저 역시 선하신 하나님만 바라보고 걷겠습니다. 이 귀한 섬김을 통해 세워질 하나님 나라 위해 더 열심히 뛰어가겠습니다.

"
사랑이꽃피는교회는
함께하며 변화되는 공동체입니다.
"

# 방송팀

# 기쁨과 설렘을 성도들과 함께 하는 찬양팀

### 이동환 청년

　고등학생 시절, 저는 그저 드럼 치는 것이 좋다는 이유만으로 금요기도회 찬양팀을 섬기게 됐습니다. 선생님께서는 친구들이 학원을 가기 위해 야간자율학습에 결석하는 것은 허락하셨지만 금요기도회에 가기 위해서 야간자율학습을 빼겠다고 말씀드리는 저와는 주로 실랑이로 이어졌던 기억이 납니다. 그런 상황에도 기도회 찬양팀을 가는 것은 저에게 큰 기쁨이었습니다. 단순히 찬양팀을 섬기는 것만으로도 즐거웠습니다. 게다가 찬양팀 덕분에 기도회에 나가서 기도하는 것은 학창 시절의 큰 위로가 됐습니다. 그렇게 고등학교 때부터 시작한 찬양팀은 어느덧 고등학교 졸업, 대학교 졸업을 하게 될 만큼 꽤 오랜 시간 저와 함께하고 있는 것 같습니다. 그래서인지 저에게 금요일의 저녁 시간을 비우는 것은 어찌 보면 너무 당연한 일이 된 것 같습니다.

군대와 함께 그만두었던 찬양팀에 복귀할 수 있었고, 오랜만의 섬김은 신앙생활에 변화와 기분 좋은 신앙의 발전을 가져왔습니다. 찬양팀을 통해서 누리는 기쁨과 찬양의 은혜는 정말 컸습니다. 그런데 시간이 지날수록 예배에 익숙해지고 더 좋은 찬양과 더 준비된 모습으로 멋진 찬양을 하고 싶다는 마음이 생기기 시작했습니다. 이러한 마음이 저에게 들어오니 준비되지 않은 모습과 부족한 연습으로 인한 실수들은 저에게 스트레스로 다가왔습니다. 찬양 중의 실수 때문에 예배에 집중하지 못하게 되었고 찬양과 기도에 은혜가 점점 사라졌습니다. 그냥 내가 해야 하는 일이라 생각하고 억지로 하는 일과 다른 것이 없었습니다. 이러한 상황 중에서 대학교 고학년이 되면서 금요일 시간을 완전히 비워 두고 학업과 대외활동, 교수님과의 학회, 자격증 공부, 아르바이트 등의 모든 일을 감당하는 것이 큰 부담으로 다가왔고 그럴수록 찬양팀에 대한 마음은 식어가 예배에 대한 기대 보다는 불평과 이제는 그만하고 싶다는 마음들까지 생겼습니다.

불안정한 이런 마음은 교회 69주년 부흥기도회 말씀을 들으면서 변화됐습니다. '신앙의 전성기를 꿈꾸는 사람'이라는 제목으로 나보다 나를 잘 아시는 주님, 나보다 나를 사랑하시고 나보다 내가 잘되기를 원하시는 하나님, 그 하나님께서는 우리에게 갑절의 은혜를 부어 주신다는 것을 들었습니다.

말씀을 듣고 나니 찬양팀을 하면서 고민했던 문제와 힘들었던 부분이 위로됐습니다. 그리고 하나님께서는 고등학교 시절, 20대 초반 시절에 내가 어떤 마음으로 찬양팀을 나갔는지, 찬양을 드리는 것을 기뻐하고, 기도회 자리에 나가는 것 자체를 기뻐했던 나의 모습을 되돌아보게 하셨고 그런 나의 모습을 보시고 부어 주셨던 하나님의 은혜가 생각났습니다. 이제까지 예배를 기뻐하지 못했던 모습, 멋지기만 한 찬양, 보기 좋은 찬양에만 집중하는 것이 너무 부끄럽게 느껴졌습니다. 그렇게 하나님께서는 찬양팀을 통한 새로운 기쁨을 보여주셨습니다.

학창 시절, 구빈건 목사님께서는 금요기도회에 자리가 없을 정도로 가득 찰 것이며, 어린아이부터 어른까지 남녀노소가 모두 나와서 찬양하고 기도회에 자리에 나올 것이라고 말씀하셨습니다. 그 당시 저는 목사님께서 그냥 하시는 말씀이라고 생각했습니다. 그런데 지금 제가 찬양팀의 자리에서 보고 있는 것은 앉을 자리가 없을 정도로 기도회의 자리에 나온 성도들과 유치부 아이들부터 초등부, 청년부, 장년부에 이르기까지 온 성도가 나와 찬양하는 모습입니다. 그런 성도들의 기쁨과 설렘까지 저에게 느껴졌습니다. 성도들의 모습에는 예배를 기뻐하고 찬양과 기도의 열정이 있음을 너무 잘 느낄 수 있었습니다.

성령 충만한 교회, 기도하는 교회, 사랑하는 교회 공동체의 예배에 참여하고 있다는 것은 지금까지는 찬양팀에서 느낄 수 없는 새로운 기쁨과 은혜였습니다. 앞으로 금요기도회뿐만 아니라 평일 저녁기도회까지도 더욱 기도에 열심을 가지는 교회가 될 것 같아 기대됩니다. 하나님은 학창시절부터 찬양팀을 통해 받은 은혜를 다시 보여주셨고, 기도회를 기대하게 되는 은혜로 돌아와 다시 한번 예배의 기쁨을 느끼게 해주었습니다. 항상 기쁜 마음으로 섬기고 나아가겠다고 장담하지는 못하겠지만 다음 세대를 위해서 기도하고 지금 저에게 주어진 섬김의 자리에서 최선을 다하는 자가 되기 위해서 노력하며 나아가겠습니다.

**식당팀**

# 하나 됨도 식후 흥!

조정희 전도사

교회의 주일 점심, 매주 토요일의 반찬봉사, 한여름의 지역전도 식사, 토요어울림학교, 청년들의 결혼 등 우리 교회는 밥을 해야 하는 일들이 아주 많습니다.

살림을 전혀 할 줄 모르는 저이기에 순전히 권사님들과 집사님들의 헌신을 통해서 교회의 식당은 운영됩니다. 이들의 헌신이 없이는 도저히 안 되는 일입니다.

잔치를 준비할 때나, 반찬 봉사할 때나, 온 교인들의 식사를 준비할 때나, 우리 교회 여자 성도들의 수고가 정말 큽니다.

설거지는 남성 목장까지 투입됩니다. 2년간의 코로나로 인해 식당에서 밥을 할 수 없어서 우리 교회는 김밥을 제공했습니다. 식당 당번이 토요일에 와서 모든 재료 준비를 해주면, 여성 A. B. C 공동체가 한 주간씩 돌아가면서 김밥을 쌉니다.

　성도들이 자원해서 온 교인에게 식사를 대접하는 '오병이어'가 있는 주간은 김밥 450줄과 추가로 과일이나 간식을 준비했습니다.

　김밥을 썰어 호일로 포장하는 것은 2·3청년부가 감당했습니다. 주일 아침 한 시간이라도 더 자고 싶었을 텐데, 매 주일 아침 9시에 나와서 헌신하는 우리 착한 청년들에게 너무 수고했다고 이 지면을 빌어 다시 한번 감사의 인사를 전하고 싶습니다.

　이런 연합이 있었기에 어려운 코로나 때에도 청년들과 주일 봉사자들, 주일학교 아이들이 교회의 이곳저곳에서 그리고 가정에 흩어져 먹고 난 뒤 목장모임으로 모일 수 있었습니다.

　우리 교회 식당은 24시간 개방됩니다. 누구나 식당을 사용할 수 있고, 기본적으로 비치되어 있는 조리도구나 양념도 사용할 수 있습니다. 월요일부터 토요일까지 교회에는 아이들의 소리가 끊이지 않고 어른들도 북적일 만큼 다수의 사람이 늘 있기에 부엌문도 늘 열려있습니다. 심지어 다른 교회가 장소를 빌려 우리 교회에서 수련회를 하고, 모임을 해도 마음껏 식당을 사용할 수 있습니다.

　우리 교회의 식당은 관리자가 없이 돌아갑니다. 그렇기에 어떤 날은 깨끗하게 정리되어 있고, 또 어떤 날은 정리되지 않은 조리도구로 지저분할 때도 있습니다. 그렇게 부엌에 들어가 보면 한숨이 절로 날 때도 있지만, 맛있는 음식을 만들고, 여러 사람이 함께 먹으며 삶을 나누고 받은 은혜를 나누는 곳이 바로 우리 교회 식당입니다.

　아무리 재미있는 일이라도 배가 불러야 흥이 납니다. 금강산도 식후경이라는 말이 있듯이 먹는 교제가 얼마나 아름다운지요. 그것은 분명 누군가가 수고하기에 이 일이 계속 이어져 갈 수 있는 것입니다. 저는 정말 정말 우리 성도들의 헌신에 고맙고 감사합니다.

## 식당팀

# 50년을 한결같이

박은숙 권사, 이병희 권사
인터뷰 - 서우석 목사

세상에서 밥을 두 번째로 많이 하는 교회, 사랑이꽃피는교회입니다. 매주 식사는 물론이고, 토요일마다 주말학교 사역, 각부서별 캠프, 미취학 아동들을 위한 어울림학교, 매주 있는 독거노인 반찬봉사, 거의 매달 있는 결혼식 뷔페 상차림까지. 어마무시한 식사봉사팀은 사랑이꽃피는교회 사역을 가능하게 하는 진정한 밥심(밥힘)의 근원입니다.

또 사랑이꽃피는교회 식당은 다툼이 없기로 유명합니다. 식사가 워낙 많기 때문에 식당을 담당하시는 권사님들이 여러분 계십니다. 다들 함께 봉사하는 팀들이 있고, 주방을 사용하는 방식과 원칙도 모두 다르기 때문에 자칫하면 서로 마음이 상할 일이 많습니다. 또한 심심하면 요리대회를 여는 중고등부, 방과후학교, 청년들, 외부팀들의 교회 방문까지, 누구든 사용 가능한 주방은 어떻게 보면 당연히 불평이 오가야 하는 자리 같기도 합니다. 그럼에도 하나같이 자신의 자리에서 기가 막히는 요리를 멋지게 베푸시는 성도님들의 봉사를 보고 있노라면 자연스레 감사의 마음이 넘칩니다.

식당에서의 따뜻한 밥을 생각하면 떠오르는 권사님들의 얼굴이 많습니다. 식당에서 오랜 시간 수고하신 여러분께 요청드렸지만 자신들은 한 게 없노라며 손사래를 치시는 바람에 여전히 현장에서 섬기시는 권사님들을 찾았습니다.

서 : 두 권사님은 언제 우리 교회에 오셨습니까?

박 : 저는 73년 12월 18일에 처음 이곳에 시집 왔으니 50년 딱 됐네요. 벌써 제 나이가 70이 되었네요. 거의 오자마자 바로 식당에서 봉사 시작했지요.

이 : 저는 79년 3월 10일에 왔으니 44년쯤 됐습니다. 벌써 시간이 이렇게 빠르네요. 저는 와서 시간 좀 지나고 식당에서 봉사했어요.

서 : 처음 오셨을 때 사랑이꽃피는교회는 어땠습니까?

박, 이 : 교회는 크지는 않았는데 성도들하고 분위기가 좋았어요. 야유회도 가고 즐겁게 신앙생활했던 기억이 나네요.

서 : 식당봉사하시면서 어떤 점이 제일 힘드셨어요?

박 : 주일 식사 봉사하는 것은 성도들하고 같이 준비하는 것이 즐겁고 재밌었어요. 근데 교회 큰 행사가 있으면 수백 명 식사를 책임지고 준비하는 것이 부담이고 실수할까 힘들었죠.

이 : 저는 길게 안 해서 힘들고 그런 일 없었던 거 같아요,

서 : 아뇨 권사님 수십 년을 봉사하셨으면서요. 하하

서 : 그럼 봉사하시면서 제일 보람 있고 재밌던 기억은 무엇일까요?

박 : 성도님들을 위해서 밥하고 식사 준비하러 돌아다니고 그 자체가 재밌고 보람되지요.

이 : 성도님들이 밥 맛있게 먹고 즐거워하면 그게 제일 좋지요.

서 : 아! 우리 교회 주방은 왜 안 싸우나요? 실제로 싸운 적이 있습니까?

박 : 아주 예전에 한두 번 그런 거 같기는 한데 최근 한 20년 기억에 큰소리 나고 싸운 기억은 없네요.

이 : 그러고 보면 손 조금 베고 그런 적은 있어도 큰 사고 한번 없이 잘 지내온 게 정말 감사하네요.

서 : 근데 어떻게 이렇게 오랫동안 봉사해 오셨어요?

박 : 생각해보면 그냥 성도들하고 밥 먹고 예배드리고 진짜 즐겁고 행복했어요.

이 : 선배 권사님들 보면서 순종하는 마음으로 했지요. 여러 선배 권사님들이 묵묵히 순종하시는 거 보고 그냥 한 거지 별거 없습니다.

서 : 김장도 많이 하시잖아요? 지난번에 속상한 일이 있었다고요?

이 : 300포기 정도 합니다. 우리 교인도 먹고, 독거 어르신들도 드리고 그러지요.

박 : 지난번엔 김치냉장고 코드가 빠져서 김치가 다 쉬어 버린

적이 있어서 많이 아깝고 속상했죠. 그래서 올해엔 책임지고 잘 관리해 보려고요.

**서 :** 마지막으로 하고 싶으신 이야기 해주세요.

**박, 이 :** 우린 이제 별로 바라는 거 없어요. 청년들하고 성도님들이 여기서 신앙생활 잘 하는 거 그거면 됩니다.


50년 가까이 봉사해 온 분들께 무엇이 제일 힘들었나 여쭤보니 즐겁고 재밌었다 회상하셨습니다. 교회에 바라는 게 없냐고 여쭤보니 청년들이 많아져서 식당이 넓어지면 식사할 때 서로 편하게 할 수 있을 거 같다고 하셨습니다.

녹취록을 들으면서 권사님들의 목소리가 귀에 들리지 않고 마음에 담기는 듯했습니다. 50년 동안 한 수고를 즐거웠다고 말하는 마음을 저도 사랑이꽃피는교회 성도들도 기쁜 마음으로 배우길 바라봅니다.

# 식당팀

# 교회는 그리스도의 몸이다

방종극 목사

행정의 역할은 교회의 사역에 하나님의 사랑과 영광이 나타나도록 잘 살피는 것입니다. 저는 사랑이꽃피는교회에서 코로나가 시작되기 6개월 전부터 행정을 시작하여 4년째 감당하고 있습니다.

행정에는 재무팀과 성례팀, 경조팀, 시설 및 차량관리팀, 방송영상 및 환경미화 홈페이지, 게시판 팀이 있습니다. 많은 성도가 이곳에서 사역들을 섬기고 있습니다. 짧지만 그동안 행정을 감당하면서 깨닫게 된 것에는 2가지가 있습니다.

하나는 사람들과의 소통입니다.

저는 행정을 하면서 스스로 소통의 부족함을 많이 깨닫게 되었고 그 중요성을 다시 알게 됐습니다. 저는 소통이 매우 부족한 사람입니다. 그러면서 함께 일하는 나에게 행정은 그 부족함을 많이 깨닫게 되는 시간이 됐습니다.

'교회는 그리스도의 몸이다.' 교회에는 몸된 지체들이 많고 다양한 필요들이 있습니다. 필요들에 대해 행정뿐만 아니라 교회는 귀 기울여 좋은 것을 헤아려 가야 합니다. 자신이 생각하는 바를 진행하기 위해 묻고 듣는 것이 아니라 정말 그리스도의 몸된 교회에 덕이 되는지를 생각하며 묻고 들어야 합니다. 그러한 필요들을 함께 의논하고 채워가기 위해서는 상호복종하는 마음으로 기꺼이 소통하는 것이 기본입니다. 추가적으로 말하자면 좋은 관계를 가져오는 소통, 상대방을 존중하는 소통, 그리스도의 다스림을 명확하게 하는 소통이 필요합니다.

다른 하나는 하나님의 은혜입니다.

아무리 소통하고 좋은 관계를 가져도 반드시 우리의 힘으로 해결할 수 없는 것들이 너무 많습니다. 많은 필요들을 채우는 일을 행정이 감당하기는 어렵습니다. 하나님이 성도들의 삶에 주시는 은혜가 풍성해야 하고 마음에 감동이 있도록 하시는 하나님의 은혜가 먼저입니다.

다행히도 행정을 하면서 그러한 은혜를 때마다 경험할 수 있었습니다. 재정이 필요하면 담임목사님이 기도하자고 하시고 그러면 아무도 생각하지 않았던 방식으로 하나님이 일하셨습니다. 하나님이 은혜를 베푸시는 분이시기에 행정을 하면서 하나님의 은혜로 인해 담대하게 살 수 있다는 확신을 주셨음에 감사드립니다.

# 6부

# 제자로
# 꽃피는 교회

# 우리는 예수 그리스도 안에서 한 가족입니다

방종극 목사

사랑이꽃피는교회 새가족반은 예수님을 믿고 싶어 교회에 등록한 사람들이나 전도되어 교회에서 신앙생활을 하기 원하는 분들 혹은 이동하면서 교회를 다시 등록하게 된 분들을 위한 모임입니다.

새가족반 모임을 통해 교회에 새롭게 등록하게 된 분들의 이야기를 들을 수 있습니다. 듣다 보면 사람들이 얼마나 좋은 교회를 두루 찾고 있는지를 깨닫게 됩니다.

사랑이꽃피는교회의 위치는 진량읍 보인리의 논과 밭 한가운데에 있습니다. 교회에 오려면 대부분 차를 타고 오거나 한참을 걸어야 합니다. 그 때문에 교회를 찾아오는 분들의 동기도 분명한 편입니다. 논과 밭 한가운데 있는 사랑이꽃피는교회에 오는 이유는 건강한 교회를 만나고 싶어서입니다.

사랑이꽃피는교회의 새가족반 모임은 이렇게 건강한 교회를 찾고자 하는 분들에게 짧지만 신앙의 기본적인 부분을 다시 다루어주고 목장에 잘 적응하도록 돕는 역할을 하고 있습니다. 새가족반 모임은 4주를 하며 모임을 다 마치면 수료식을 합니다.

새가족반에서는 첫째 주에 하나님과의 바른 관계를 맺는 법을 소개하고 필요에 따라 복음을 전합니다. 둘째 주에는 하나님과의 교제를 지속하는 방법, 셋째 주에는 성령의 충만함을 받는 방법, 넷째 주에는 교회공동체에 대해 안내합니다.

새가족 모임 시간에는 먼저 한 주간 그분들이 어떻게 지내오셨는지 간단하게 그분들의 삶 이야기를 듣는 시간을 가집니다. 대개 첫째 주에는 조용하게 새가족 모임에 참여합니다. 그러나 둘째 주 셋째 주로 이어질 때 많은 이야기가 터져 나옵니다.

새가족들은 새가족이라는 입장이 동일하기 때문에 서로 통하는 것도 많습니다. 새롭게 등록한 교회에서 자신들의 이야기를 들어줄 사람들이 필요했던 것 같습니다. 그래서 하고 싶은 말이 시간이 지날수록 점점 깊이가 있습니다. 그리고 난 후에는 주별로 정해진 말씀을 전달하는 시간을 가집니다. 이렇게 4주를 하면 짧지만 행복한 시간이 됩니다. 그래서 이미 새가족반을 마친 분 중에도 목장모임 전에 자주 새가족반에 들어와서 새가족을 환영하려는 분들도 많았습니다.

새가족반을 하는 4주 기간에 새가족을 돕는 가족들이 있습니다. 그들은 목장식구들입니다. 목장식구들은 함께 하는 4주 기간 새가족과 함께 새가족 모임에 참여하여 교회와 목장생활에 잘 적응하도록 돕습니다. 도우미는 주중에 새가족과 연락하여 새로운 교회에 오는 새가족의 발걸음을 가볍게 해 줍니다.

새가족 4주 기간이 지날 무렵이 되면 어느새 새가족은 목장식구들과 보내는 목장모임 시간을 기다립니다.

저는 2003년 5월부터 사랑이꽃피는교회에서 새가족반을 담당해 왔습니다. 평생 만나본 적이 없는 분들과 4주간 새가족반의 시간은 나에게 어색한 시간이기도 했습니다.

저도 쑥스러움이 많은 사람입니다. 그런데 새가족반에는 쑥스러움이 많아 말을 시작하기 어려운 분들도 있고, 무엇인가 화가 난 것처럼 보이는 분들도 있습니다. 또한 처한 상황이 어려워서 우는 분들도 있습니다.

이런 다양한 환경과 상황 속에 있는 분들과의 새가족반을 하면 어떤 날은 적절한 말이 잘 나오지 않아 조금 당황스러운 날도 있었습니다. 그럼에도 새가족반을 하면서 감사했던 것은 새가족반이라는 모임을 가지면서 우리가 예수 그리스도 안에서 가족이 되었다는 것을 서로가 확인해 갈 때입니다.

새가족으로 아직 교회에서 모르는 사람들이 더 많지만 그리스도 안에서 한 가족이 됐다는 마음으로 신앙생활을 시작 혹은 이어가게 됐다는 것에 감사가 됐습니다.

# 내 입으로 고백하게 된 사랑이꽃피는교회

하지수 청년

안녕하세요. 저는 대구대학교 20학번 하지수입니다. 대학교를 타지로 오게 되며 처음 거제를 떠나 모든 것이 낯선 환경에서의 신앙생활을 시작하게 됐습니다.

오랜 시간 함께 해왔던 교회를 떠나 새로운 곳에서 적응한다는 것이, 늘 함께할 것만 같았던 소중한 믿음의 동역자들과 떨어져 각자의 자리에서 하나님을 바라보며 나아간다는 것이 가장 힘들었던 것 같습니다.

타지 생활을 시작하니 제 본연의 모습을 많이 깨닫게 됐습니다. 저는 새로운 것에 도전하는 것에 취약했고 경험에 의존하며 살아온 경험주의자였습니다. 이런 제가 사랑이꽃피는교회에 와서 처음 맡게 된 사역은 새가족 도우미였습니다.

새로운 것을 싫어하는 제가 새가족을 만나 저도 제대로 누리지 못하고 있는 교회를 설명하고, 저도 제대로 적응하지 못한 공동체에 적응할 수 있도록… 새가족을 무사히 수료할 수 있도록 도와주는 역할을 한다는 게 아주 버거웠던 것 같습니다. 그렇게 한없이 부정적이고 못난 모습으로 다양한 지체들과 여러 만남을 갖게 됐습니다.

하나님께서는 이 사역을 통해 사랑이꽃피는교회가 어떤 공동체인지 거듭 제 입으로 말하게 하셨습니다. 제가 이 공동체를 마음으로 받아들일 수 있을 때까지 하나님께서는 새가족에게 전하는 안내서의 글을 통해 제게 사랑이꽃피는교회는 행복과 사랑이 넘치는 교회임을, 사랑의 종노릇을 하는 교회임을, 다음 세대를 세워가는 것에 힘쓰는 교회임을 끊임없이 가르쳐 주셨습니다. 그리고 그 공동체를 직접 경험하게 하시고 새가족 지체들에게 나누게 하셨습니다.

모든 것이 낯설어 두려워하여 쉽게 마음을 열지 못하는 과거의 저와 닮아있는 지체들에게 다가갈 수 있도록 용기를 주셨고, 마음의 문을 열 수 있도록 친근하게 이야기를 이끌어 갈 힘을 주셨고, 그들이 건강한 공동체와 사랑의 공동체를 더욱 누릴 수 있도록 애쓰고 기도할 수 있는 마음을 허락하셨습니다. 모든 것이 하나님의 계획하심이었고 모든 것이 하나님의 은혜였습니다.

익숙했던 본가와 그 교회 공동체를 그리워하며 그저 안내서의 양식에 맞춰 입으로만 공동체의 비전과 사랑을 전하던 제가 어느샌가 마음의 문을 활짝 열고 진정으로 이 공동체를 사랑할 수 있게 된 것은 하나님의 크신 은혜입니다.

경산이라는 지역에서 사랑이꽃피는교회 공동체를 누리며 나아갈 미래를 바라볼 수 있게 된 것과 그 공동체를 누리며 성장하고 있는 것 또한 하나님의 크신 은혜입니다. 이 경험을 통하여 더욱 진정으로 사랑과 행복의 공동체를 소개하고 누릴 수 있도록 돕는 사역할 수 있게 힘주신 것 모두 하나님의 크신 은혜입니다. 하나님의 은혜에 힘입어 앞으로 공동체를 함께 누리게 될 새가족을 위해 더욱 힘쓰고 기도하는 제가 되어야겠다고 다시 한번 다짐해봅니다.

제가 도우미를 하며 나아가는 모든 걸음이 하나님과 동행하는 걸음이 되길, 앞으로 함께할 많은 새가족 지체들이 공동체를 진정으로 누리고 사랑할 수 있도록 기도 부탁드리겠습니다.

양육반

# 그리스도 중심의 삶을 향한 초대

방종극 목사

사랑이꽃피는교회의 훈련에는 제자반과 양육반이 있습니다. 제자
반은 공동체의 목자 및 전도소그룹의 리더를 세우는 일을 목표로 합
니다. 반면에 양육반은 그리스도인으로서의 기본적인 권리를 알고 누
릴 수 있도록 하는 일을 목표로 합니다. 양육반은 제자가 되기 위해 기
본적인 것을 먼저 다룹니다. 양육반은 봄과 가을에 약 12주에 걸쳐 교
육을 합니다.

그동안 사랑이꽃피는교회에서 양육반은 33회를 교육했습니다. 이
미 전에 담당하던 장덕신 목사님이 잘 진행을 해주셨고 그 가운데 저
는 4회를 교육했습니다.

얼마 되지 않지만 양육반을 하면서 뜻깊었던 것은 나 자신과 양육
반을 듣는 사람들의 삶에 영향을 주었던 '그리스도의 중심의 삶'입니

다. 많은 사람이 예수님을 믿고 예배를 드리며 기도회에 참여하며 심지어 많은 헌금을 하며 살아갑니다. 그런데 실상 그들의 삶은 기쁨과 열매로 충만하지 못합니다. 저 역시 이전에 그러한 삶을 살았습니다. 그런데 사람들은 그 이유를 알지 못하던지 알아도 적용하는 일을 하기 전까지는 실패하는 것을 발견했습니다.

저는 양육반을 하면서 그리스도가 삶의 중심이 되도록 적용하며 살 수 있도록 줄곧 안내했습니다. 사람들은 강의 시간에 다소 피곤해 보이기도 했지만 자신의 삶을 돌아보는 시간을 가지고 있었습니다. 양육반을 들었던 청년들의 간증을 소개하고자 합니다. 이 간증에는 그들의 삶에 그리스도가 중심이 되고 있다는 것을 보여주고 있습니다.

"처음에는 양육반이라는 것이 저에게는 일요일 저녁 시간을 내어야 하는 부담스러운 것이라는 생각이 들었습니다. 그래서 하길 망설이고 고민하고 있을 때 저의 목자인 하솜이 언니가 그럼 같이하자는 말에 '목자까지 하는데 내가 안 하면 안 되겠구나!' 하는 마음에 자의 반 타의 반으로 하게 됐습니다. 하지만 양육반을 하면 할수록 저의 기도는 성령을 구하는 기도로 저의 아침은 성경말씀으로 시작되는 날이 많아졌습니다.

또한 저는 스스로 죄에 대한 기준을 두고 살았던 사람입니다. 하지만 주님은 그냥 나 자체가 죄인임을 알게 하시고 나 혼자는 아무것도 할 수 없음을 깨닫게 하셨습니다.

양육반이 거듭될수록 주님은 매주 저에게 새로운 깨달음과 주님의 발자취를 밟아갈 힘과 용기를 주셨습니다. 그리고 저의 죄를 즉시 고백하고 회개해야 한다는 것을 알게 하셨습니다.

저는 저에게는 참 관대한 사람입니다. 그래서 죄가 생각나더라도 그냥 넘어갈 때가 많았고 나는 죄인일 수밖에 없다는 핑계로 저의 죄에 대해 늘 회피하고 나의 죄에를 직면하는 것에 어려워했습니다. 하지만 목사님은 그 죄가 생각날 때마다 즉시 기도하고 회개하라고 하셨습니다.

그리고 저의 죄를 직면할 수 있었습니다. 그리고 저의 죄가 생각날 때마다 기도할 마음을 허락하셨습니다. 하지만 갑자기 친구들과 얘기하다가 나의 죄가 생각날 때 기도하기란 어려웠습니다. 그래서 화장실에서 기도하거나 집에 가는 길에 기도하곤 했습니다.

비록 바로바로 기도하는 것이 어려울 때도 있었지만 주님을 찾으려는 모습에서 조금씩 바뀌는 저의 모습을 볼 수 있었습니다.

또한 주님은 양육반을 통해 제가 성령님을 구하게 하셨습니다. 저는 성령충만이 어떤 것인지 잘 몰랐습니다. 하지만 양육반을 통해 우리가 왜 성령을 구해야 하는지 알게 하셨습니다.

우리가 하나님의 영광을 나타내기 위해서 또 예수님을 닮아가기 위해서 저희는 성령의 지배를 받으며 살아가야 한다는 사실을 더 확실히 알게 되었고 더 성령충만을 위해 기도할 수 있었습니다.

저는 이런 작은 변화조차 주님께서 나를 향한 계획임에 참 감사를 드립니다. 주님이 주신 사랑과 감사는 너무 크기에 받은 사랑과 감사를 다시 돌려드릴 수 없는 사람입니다. 하지만 그런 저 또한 사랑하신다는 것을 알게 하셨고 매일매일 또 죄에 넘어지지만 양육반은 저에게 넘어짐보다는 다시 일어남의 중요성 알게 하셨습니다."

위의 청년은 자신이 아닌 그리스도가 자신의 중심이 되게 하셔서 살아가는 방법을 알고 적용하기 시작했습니다. 사실은 스스로가 그리스도께서 중심이 되도록 한 것입니다. 다른 한 청년은 이렇게 적용했습니다.

"양육반 11주 내내 목사님께서 소리 높여 선포하신 것은 '매일 아침 말씀을 펴고, 하나님의 말씀이신 성경을 읽으며, 하나님의 통치를 구하십시오. 내 삶의 주도권을 하나님께 내어드리십시오. 매일 내 마음과 머릿속에 가득 차 있는 온갖 잡다한 생각들과 죄들과 피 흘리기까지 싸우십시오! 그 죄들을 발견할 때마다 즉시 즉시 회개하고 돌이키십시오!' 이것이 거의 90%였습니다.

그렇습니다. 이것이 전부입니다. 그리스도인으로 더욱 성숙해가는 방법, 예수님을 더욱 닮아 온전해져 가는 길은 대단한 지식, 이해하기 어려운 말에 있는 것이 아니라 오늘 하루 내 삶의 지배권을 하나님께 내어드리고 하나님의 통치를 온전히 받아들이는 단순한 삶에 있다는 것을 배웠습니다.

양육반을 들으면서도 그러했듯이 양육반이 끝난 이후의 삶 속에서도 계속해서 이 외침을 선포하며 내 삶으로 살기로 결단합니다. 늘 소리 높여 선포하시고 그렇게 살아내기 위해 몸부림치시며 삶을 나눠주신 목사님과 함께 그렇게 살기로 결단하며 함께 수업을 들어주신 양육반 동기분들 그리고 이 결단이 내게 가장 유익한 것이며, 내게 가장 선한 진리임을 깨닫게 하신 하나님께 감사드립니다."

저는 양육반의 간증을 듣고 놀랐습니다. 그들의 삶에 일하시고 계신 하나님 그리고 부족하지만 하나님의 영광을 위해 살아갈 때 놀랍도록 일하시는 하나님을 깨닫고 감사하지 않을 수 없었습니다. 사실 저는 한 것이 많이 없습니다. 하나님의 은혜를 경험할 수 있어 감사하고 부족한 강의를 함께 해 주신 양육반의 모든 분께 감사를 드립니다.

# 주님의 자녀로 입양되어 송두리째 바뀐 인생

### 채지원 청년

교회에 등록한 지 2주 만에 같은 목장 희선이의 강력 추천으로 양육반을 듣게 됐습니다. 영문도 모르고 시작한 양육반이 이렇게 제게 큰 은혜를 안겨줄지 몰랐습니다.

다른 교회에서 수년간 신앙생활을 했었기에 처음에는 말씀을 들을 땐 그냥 다 아는 내용이겠거니 생각했습니다. 하지만 그 말씀은 매주 저에게 새롭게 다가왔고 다시 처음부터 말씀을 마음에 새길 수 있었습니다.

신앙생활은 주님을 따라가는 삶이라고 생각했지만 어떻게 하면 주님을 따라가는 방법일까에 대한 것을 양육반을 통해 알게 됐습니다. 쉽고 누구나 실천할 수 있는 방법들에 배우고 많은 은혜를 얻었습니다. 양육반을 통해 얻은 은혜를 말하고자 합니다.

먼저, 방종극 목사님의 말씀은 매주 저에게 기대감을 주었습니다. 목사님이라면 권위 있고 신앙생활을 무너짐 없이 잘하실 것만 같았는데 정말 솔직하게 목사님의 삶과 경험을 나눠주시니 더욱 몰입되고 '나도 할 수 있구나'라는 자신감을 얻었습니다. 목사님은 늘 다음과 같은 내용을 강조하셨습니다.

첫째, '마음 중앙에 내가 아닌 십자가를 두는 연습을 하라'는 것이었습니다.

저는 남에게 싫은 것이 있으면 곧이곧대로 말하는 성격을 가진 사람이지만 마음의 중심을 제가 아닌 예수님의 십자가를 두려고 시작하니 점점 빈도가 줄어들면서 남에게 조금 더 자비로워지고 제 삶이 변하는 것을 느꼈습니다.

둘째, '하루의 시작을 성경읽기로 하라'고 강조했습니다.

매일 밤마다 성경을 읽고 감사일기를 쓰는 루틴이 있었기에 굳이 아침에 읽어야 하는 이유를 몰랐습니다. 하지만 매주 양육반이 시작할 때마다 '이번 주 눈뜨고 가장 먼저 무엇을 하셨습니까?'라는 질문을 하셔서 약간의 부담감이 느껴져 일주일만 아침에 성경을 읽기로 결심했습니다. 아침에 성경을 읽으니 피곤하고 짜증 나는 아침이 주님께서 멋진 하루를 선물해주신 것처럼 느꼈습니다. 또 그 말씀을 품고 하루를 살아갈 수 있었습니다.

셋째, '참된 기도'에 대해 배웠습니다.

세상 걱정을 다 가지고 살아가는 사람인데 마음에 근심이 찾아올 때 즉시 기도하고 더 이상 근심하지 말라는 말은 다소 충격적이었습니다. 하지만 그 연습을 하며 이게 되겠나 싶은 문제도 계속 해결되고 근심으로부터 해방됐습니다. 그래서 주님께 더 기도하고 더 매달리는 자녀로 되어가고 있습니다.

말씀만큼이나 유익했던 것은 목사님이 제시하신 질문에 대하여 여러 사람과 토의하는 시간이었습니다. '하나님은 나에게 어떤 분이신지', '나의 신앙생활에 있어서 생각과 마음에 영향을 주는 것은 무엇인지?' 곰곰이 생각해 볼 만한 질문들을 매주 던져줬습니다.

새롭게 알게 된 형제자매님들과 '예수님'을 주제로 이야기하니 이렇게 재밌을 수가 없었습니다. 매일 랜덤으로 바뀌는 조도 이번 주엔 어떤 사람과 마음을 나눌 수 있을까 기대감을 줬습니다. 혼자가 아닌 하나님 나라를 같이 꿈꾸는 동역자들이 있음에 감사했습니다.

현재 저는 눈 뜨자마자 성경을 읽고, 하루를 마무리하며 감사일기를 쓰고, 매 순간 주님께 기도를 드리는 삶을 살며 예수님께 사로잡히는 삶을 실천하는 중입니다. 하지만 여전히 부족함을 느끼고 아마 주님을 만나 뵙는 그 날까지 그러리라 생각이 됩니다.

앞으로 보다 주님께 사로잡혀 주님께 미쳐있는 삶을 살아가고 싶습니다. 제 인생은 방종극 목사님네 길고양이처럼 주님의 자녀로 입양되며 송두리째 바뀌었습니다. 영원한 지옥 불에 들어갈 뻔한 제가 하나님 나라를 꿈꾸며 살고 있다는 것이 너무 놀랍고 감사합니다. 이 감사함을 잊지 않고 평생 주님만을 따르며 살고 싶습니다.

제자반

# 강력한 주님의 제자

구빈건 담임목사

교회는 예수님을 믿는 신자들의 공동체일 뿐아니라 제자들의 공동체입니다. 오늘날 교회들이 제자화 되지 못함으로 예수님을 믿는다고 하면서 예수님의 제자로서 예수님의 가르침을 따르지 않고 자기 나름대로 신앙생활함으로 모든 사람이 각자 자기 소견에 옳은 대로 행함으로 교회 공동체가 세상의 빛과 소금이 되지 못하고 있는 것이 현실입니다. 이런 상황 속에서 교회는 제자훈련을 통해서 더욱 강력한 주님의 제자로 세우고 있습니다.

사랑이꽃피는교회 제자훈련에서 가장 특이한 점은 20세 이상이면 모든 사람이 함께한다는 것입니다. 그렇게 해서 제자훈련 동안 세대 차이를 극복하고 오히려 서로에게 도전이 되고 격려가 되어 서로를 더욱 알아가는 시간이 되어서 제자훈련을 마치고도 서로 더 친하게 지는 것을 종종 봅니다.

그리고 제자훈련을 가장 기초적으로 제자의 삶을 훈련하는 것으로 보고 삶에 변화에 초점을 맞추어서 실행합니다. 그래서 제자훈련을 마치고 나면 누구나 리더반에 들어올 것을 권유하고 교회 공동체 안에서 목장사역이나 교사사역 아니면 다른 봉사사역을 하면서 평생 제자로 살아가게 합니다. 그래서 제자훈련을 받지 않으면 교회의 중직을 받지 못하게 합니다(나이 드신 분 예외 인정) 중직을 받아서 교회를 섬길 사람은 반드시 제자화 되고 해야 한다는 철학 때문입니다.

제자훈련의 커리큘럼은 아주 단순합니다.

1학기는 제자란? 제자와 삼위 하나님, 제자와 교회, 제자와 성경, 제자와 기도, 제자의 세계관, 제자의 경건생활, 제자의 전도생활, 제자의 물질관리, 제자의 가정생활과 이웃과의 관계를 다룹니다. 그리고 2학기는 제자도, 제자의 목장생활, 제자의 일상생활, 제자의 비전, 제자의 영적전쟁, 제자의 믿음, 제자의 성령충만, 제자의 나눔과 섬김, 제자의 교회봉사, 제자의 성장과 성숙에 대해서 다룹니다.

이 과정으로 전반기 14주, 후반기 14주로 나누어서 1년간 제자훈련을 실시합니다. 그리고 제자훈련의 마지막 과정으로 교단 KPM에서 실시하는 평신도 선교사 훈련을 실시하려고 합니다.

제자반

# 예수로 충만한 삶

배근호 청년

양육반 과정을 지나 제자반을 듣게 되었을 때 조금 더 깊게 제자의 삶을 배운다는 것에 두려운 마음도 있었습니다. 내가 이 제자반 수업을 들을 자격이 되는가 하는 생각이었습니다. 그렇지만 예수님의 제자는 어떤 삶을 살아야 하는지 구체적으로 알 수 있겠다는 기대가 더 컸기에 제자반을 들을 수 있었습니다.

제1과 '제자란?'부터 제10과 '제자의 가정생활과 이웃'까지의 과정을 통해 예수님의 제자로서의 삶은 어떻게 살아야 하는지에 대해 알 수 있었습니다. 이 중 가장 기억에 남은 과정을 물어보신다면 제6과 '제자와 영적성장'이라고 말할 것입니다.

목사님께서 여러 시간으로 나누어서 수업하신 만큼 제자훈련 중 가장 중요한 것이 영적성장이고 영적으로 성숙한 제자가 되려면 오직 예수로 사는 삶, 예수로 충만한 삶을 살아야 함을 마음에 새길 수 있는 시간이었기에 가장 기억에 남았습니다.

제자반 이야기를 할 때 필독서 이야기도 빼놓을 수 없습니다. 한 권은 존 스토트의 '제자도'이고 다른 한 권은 '세 왕 이야기'입니다. 먼저 '제자도'에서는 그리스도를 닮는다는 것은 그리스도의 제자가 되는 것을 의미함을 강조합니다. 1장 '불순응'부터, 8장 '죽음'까지 존 스토트가 이야기하는 제자로서의 8가지 삶을 깊이 생각할 수 있는 주제가 됐습니다. 다음으로 '세 왕 이야기'는 '사울, 다윗, 압살롬' 이 세 왕이 등장하여 그들의 이야기를 들려줍니다. 세 왕의 이야기들을 통해 내 안에 겉사람(옛사람)이 깨어져야 만이 하나님 안에서 온전해진다는 것을 알 수 있었습니다.

끝으로 저는 제자반을 통해 앞으로 예수님의 제자로서의 삶을 살아갈 때 예수님밖에 모르는 바보 같은 제자로 살아가고 싶다는 생각을 했습니다. 다른 방법이나 방향은 생각하지 않고 오로지 앞으로만 나아가는 바보처럼 예수를 믿는 저도 이렇게 되어야 한다 생각합니다. 세상의 것들이 더 좋아 보여서 그 길, 죄의 길을 걷다가 좌절하고 낙심하기도 하지만 그때마다 주님을 의지하며 다시 일어나 예수님을 바라보며 그분을 닮아가는 제자의 삶을 살아내고 싶습니다. 또 갈라디아서 2장 20절 말씀처럼 '내 안에 있는 내가 죽고 오직 그리스도 예수님만 있는 제자의 삶'을 살고 싶습니다.

제자반 수업을 듣는 과정에서 예수님을 더욱 깊이 있게 배울 수 있었고, 그분의 제자는 어떤 삶을 살아야 하는지를 알 수 있는 정말 유익한 시간이었습니다.

리더훈련

# 성품과 자질과 능력 훈련

구빈건 목사

교회에 가장 큰 문제는 리더들의 리더십의 부재입니다. 대부분 교회의 문제는 리더들이 리더십을 제대로 발휘하지 않거나 심지어 잘못된 형태로 발휘하는 것입니다. 그런데 그렇게 리더들이 리더로서의 자질을 갖추지 못하는 것은 교회가 리더들을 훈련시키지 않기 때문이라는 것입니다.

대부분의 교회가 제자훈련 과정을 마치면 더 이상 훈련시키지 않습니다. 물론 여러 가지 성경공부 프로그램이 있기는 하지만 그것은 다른 차원의 문제입니다.

리더들이 함께 리더로서의 성품과 자질과 능력을 훈련받고, 교회 공동체의 목회철학과 사역의 방식에 대해서 함께 훈련하는 것은 너무나 중요합니다. 사랑이꽃피는교회의 가장 탁월한 점은 리더들이 매주 함께 훈련받는다는 것입니다.

사랑이꽃피는교회의 리더훈련은 매주 금요일 오후 8시에 교육관에 함께 모여서 합니다. 그리고 훈련교재가 따로 있는 것이 아니라 다음 주에 들을 설교 본문으로 성경공부를 하고, 사역에 대한 일반적인 지침과 사역자의 자세 그리고 지금 현장에서 이루어지는 사역에 대해 논의들을 합니다.

이런 리더훈련을 통해서 가장 중요한 효과는 주일에 들을 설교를 미리 공부함으로 말씀을 들을 준비를 하는 것입니다. 그리고 주일에 짧은 시간에 다 말할 수 없는 특별히 리더들이 가져야 할 자세와 성품 그리고 사역의 원리에 대해서 따로 공부할 수가 있습니다. 그래서 한 번 리더훈련을 받으면 평생 이 훈련에 참석해서 함께 자라가도록 합니다.

리더훈련을 시작한 지 10년여의 세월이 흘렀습니다. 그동안 성도들이 좋은 리더로 세워지고 그리고 그 리더십을 잘 발휘한 결과 사랑이꽃피는교회는 강력한 리더들에 의해서 세워지는 교회로 세워져 가고 있습니다.

# 잔소리에서 참소리로!

### 장진수 청년

저는 그동안 목자로 매주 금요일 저녁마다 모든 연령대의 목자와 교사들이 모여 목사님의 말씀을 듣는 리더모임에 참석하며 배우고 느낀 것들을 나눠보고자 합니다.

리더모임에서 목사님의 말씀은 크게 두 부분으로 구성됩니다. 첫 번째는 우리 교회의 사역 현황이나 방향성 그리고 리더들이 함께 공유해야 할 시각과 무엇을 해야 하는지에 대해 말씀하시고 이 얘기들이 모임 시간 대부분을 차지합니다. 두 번째는 목장 리더들이 주일 이전에 미리 공부하고 목장 모임을 더 잘 준비할 수 있도록 주일 설교 말씀에 대해 간략히 설명해주십니다.

제가 생각한 이 모임의 가장 큰 유익은 목사님의 여러 권면의 말씀으로 모든 리더가 한 마음, 한뜻으로 뭉칠 수 있다는 것입니다. 또한 주일 말씀을 간략히 먼저 듣고 소그룹 모임 준비를 하며 목자부터가 말씀의 은혜를 더욱 풍성히 누릴 수 있는 유익도 있습니다.

그러나 이 유익들이 있음에도 불구하고 솔직한 마음에 저는 처음 목자가 되어 모임에 참석하기 시작했을 때 설교내용을 제외한 리더모임 시간 대부분을 차지하는 목사님의 권면하시는 말씀이 반갑지 않은 순간이 종종 있었습니다. 리더들이 마땅히 행하여야 할 방향을 제시하는 말씀이지만 무의식적으로 너무 당연하고 너무 많이 듣고 너무 잘 알고 있는 그런 이야기들을 필요 이상으로 또 하시는 건 아닌가? 라는 생각이 들었는지 목사님의 말씀이 잔소리로 들릴 때가 있었습니다.

네 그렇습니다. 사실 교만입니다. 목사님의 반복된 말씀을 잔소리로 여기는 죄된 습성과 잔소리 듣는 걸 본능적으로 싫어하는 저의 습성 때문에 리더모임이 종종 반갑지 않게 여겨지곤 했던 것입니다. 하지만 한 가지 중요하게 다시 생각해봐야 할 것은 제가 왜 매주 금요일 저녁마다 반복해서 잔소리를 들어야 하는지 생각해본다면 사실 저의 행동과 태도에 변화가 쉽게 일어나지 않기 때문일 것입니다. 잔소리를 듣는 그 와중에도 아무리 들어도 고쳐지지 않고 반복되는, 변하지 않는 저의 악한 습성이 있기 때문입니다.

잔소리 앞에 저의 모습을 진지하게 돌아본다면 심지어 사소한 것에서부터도 쉽게 변하지 않는 저의 모습을 볼 수 있습니다. 그리고 그런 모습을 스스로 인정하고 직면하게 된다면 그 순간부터는 목사님의 매주 반복되는 권면의 말씀은 더 이상 잔소리로 다가오지 않게 됩니다.

이제는 그 말씀이 필요 이상의 잔소리가 아니라 나를 살리고 세우는 참소리로 다가옵니다. 리더들이 지속적으로 듣고 배우고, 행해야 할 참소리입니다.

잔소리가 아닌 사랑의 참소리로 여겨지는 순간 매주 금요일 저녁 리더모임 시간은 교회가 무척이나 못나고 부족한 리더인 나를 지탱해 주려고 만든 감사한 시간으로 여겨집니다.

저 하나 조금이라도 더 나은 그리스도인으로 만들어보고자 훈련시켜 주시는 은혜로운 시간으로 다가옵니다. 그리고 앞으로도 더 연단될 저를 생각한다면 기대하고 기다려지는 시간이 됩니다.

그럼에도 불구하고 저는 사실 최근 목사님의 말씀이 잔소리로 여겨지던 순간이 아주 가끔 있기도 했습니다. 그러다가도 '이 말씀이 잔소리로 여겨지면 큰일이다!'라고 스스로에게 되뇌곤 합니다.

앞으로도 저는 "여호와여 말씀하옵소서 주의 종이 듣겠나이다"라고 고백했던 사무엘의 자세로 목사님의 사랑의 참소리를 듣길 원합니다. 그런 제가 될 수 있도록 그리고 우리 리더들이 될 수 있도록 기도 부탁드립니다.

7부

역사가
꽃피는 교회

# 자기를 내어주는 헌신

### 조정희 전도사

우리 교회는 모든 목자가 전도사의 역할을 합니다. 멋진 목자들… 목장원들의 슬픔도 아픔도 그리고 기쁨도 함께 나누면서 목원들을 심방합니다. 같이 울어주고 웃어주는 목자들이 있어서 저는 너무 행복하고, 감사합니다.

저는 사랑부와 소망부 어르신들을 심방하는데, 어르신들에게 가서 이분들이 말씀하시는 것을 들어 주고, 맛있는 것 얻어먹고 오면 됩니다.

한번은 점심도 많이 먹고, 커피도 마시고, 먹을 것 다 먹고 심방을 갔는데 전도사가 왔다고 맛있는 것 내놓으시면서 "드세요~" 하시며 진짜 예수님을 섬기듯이 정성을 다해서 대접해주셨습니다.

제가 하는 것이라고는 한 번씩 장단 맞춰드리고, 예수님 사랑에 대해서 한마디 하고 돌아오는 것이 전부인데 어르신들은 제가 심방 가는 것 자체를 너무 반가워하시며 "저 이제 갈랍니다"라고 말하기가 힘들 정도로 좋아하셔서 더 자주 찾아뵙지 못하는 것이 죄송하고 또한 너무 감사합니다.

뒤돌아보면 많은 분이 생각나지만 특별히 소개하고 싶은 어르신이 계십니다. 2년이 넘는 시간 동안 코로나로 인해 몸이 약한 어르신들은 비대면 유튜브로 예배를 드렸는데, 유튜브 예배를 통해 3대 독자이신 78세 이○○ 어르신 한 분이 예수님을 믿겠다고 결정하시고, 2022년 5월 19일 주일날 오셔서 등록하셨습니다. 유튜브 방송을 통해서도 예수님을 믿을 수 있다는 것이 얼마나 기쁘고 감사한 일인지 모릅니다.

그 외에도 최근 오랜 시간 복음을 전했지만 평소 교회 행사 때에나 한 번씩 출석하시던 80세를 넘기신 동네 어르신이 드디어 예수님을 영접하고 세례받으셨습니다. 이 일은 오랜 시간 배우자와 자녀들이 포기하지 않고 눈물의 기도를 올려 드린 결실이라는 생각이 듭니다.

"목사님 말씀이 귀에 들어오고 나같이 나이 많은데도 예수 믿고 천국 가라 하니 얼마나 고맙노~" 하시는 어르신의 고백을 통해 하나님의 계획은 인간이 측량할 수 없음을 저는 다시 한번 깨닫게 됐습니다.

사랑이꽃피는교회에서 20년이 넘게 사역하며 받은 은혜들이 참 많이 있지만 내가 받은 가장 큰 은혜는 절대 포기하지 않고 한 영혼을 위해 끝까지 기도하면 하나님께서 반드시 응답의 기쁨을 누리게 하시며, 한 영혼이 주께 돌아오는 사건을 통해 한 영혼이 천하보다 귀함을 저에게 똑똑히 보여주신다는 것입니다. 주님 주시는 이 은혜가 사랑부 사역에 충만하기를 기도합니다.

# 낭만에 대하여

서영수 장로, 하칠태 장로

(본 내용은 두 장로님과 따로 인터뷰를 진행한 뒤 대화 형식으로 재구성한 글입니다.)

서 : 하 장로님! 코로나로 수고가 많으셨지요? 요즘 건강은 어떠십니까?

하 : 저는 거뜬히 버티고 있습니다. 서 장로님도 잘 지내시지요?

서 : 네! 저도 매일 저녁 평일기도회에서 기도하면서 여전히 교회를 향한 꿈을 잃지 않으려고 애쓰고 지냅니다.

하 : 하하. 역시 대단하십니다. 그 연세에도 여전히 교회에 대한 꿈을 꾸고 계시니 저도 도전을 받습니다.

서 : 허허. 하 장로님과 여러 성도님이 함께 꿈꾼 덕분에 우리가 지금

여러 열매를 경험하는 거 아니겠습니까?

하 : 맞습니다. 우리도 참 치열하고 멋지게 섬기고 사랑했지요. 모든 길이 순탄하지만은 않았지만 뒤돌아보면 하나님이 함께하시는 아주 멋스러운 길이었습니다.

서 : 하하. 그렇네요. 아주 낭만 있는 세월이었지요. 처음 교회 찾아온 1974년 김종환 목사님 오셨던 부흥집회 때 예수님 만나서 지금까지 함께 해온 시간이 너무 짧게 느껴지는 거 보니 행복했나 보네요.

하 : 서 장로님이 앞서 걸어 주신 덕분에 교회 섬기고 사랑하는 것도, 신앙생활 하는 것도 많이 배웠습니다.

서 : 아이고. 얼마나 차이 난다고 그러십니까? 함께 이룬 것이지요. 정말 여러 얼굴이 떠오르네요.

하 : 서 장로님은 누가 제일 기억에 남으세요? 전 전호연 집사님과 김순덕 권사님이 기억나네요. 두 분은 75년 류정희 권사와 결혼해서 이 교회에 온 저와 성도들을 어머니처럼 돌보아 주셨습니다. 고기영 목사님도 저희에게 말씀을 참 잘 가르쳐 주셨던 기억이 납니다.

서 : 맞아요. 함께 땀 흘리고 웃고 울던 많은 성도가 있었는데 저는 목사님들이 더욱 기억에 남네요. 구빈건 목사님 처음에 오셨을 때 충격도 많이 받았지요? 주일에 청년들하고 축구하고 짜장면 시켜 먹는데 그게 처음엔 얼마나 충격이던지요.

하 : 맞습니다. 하하 그런 것도 충격이었지만 전 담임목사님이 세 아이가 있는데도 두 아이를 더 입양하시는 걸 보고 참 많이 놀랐습니다. 그 뒤로 목사님도 다른 성도들도 입양하고 위탁을 받고, 그룹홈 봉사도 하며 하나님의 가정을 선물하며 살아가는 모습이 참 멋지다 생각했습

니다.

서 : 그랬습니까? 하하하. 그리고 무엇보다 젊은 친구들의 헌신이 인상적이었어요. 젊은이들의 헌신이 끊어진 시대라고 생각했는데, 고향도 포기하고 직장도 양보하면서 교회에 남아준 청년들이 어찌나 고맙던지요.

하 : 정말로 그렇습니다. 우리 성도들이 언제나 한마음이 되어서 남을 나보다 낮게 여기고 다른 사람을 세워주며 은혜로운 교회로 세워 가고 있네요. 성도들이 교회에 모여서 푸른 나무 그늘에서 쉬기도 하고 모임도 하는 것을 볼 때마다 참 좋습니다. 우리 성도들이 날마다 더 푸르게 성장했으면 좋겠습니다.

서 : 우리 세대도 참 즐겁고 행복하게 신앙생활 했습니다. 우리 다음 세대도 교회와 하나님 나라를 짊어질 세대로 성장해가면 좋겠습니다. 분명히 하나님의 선하신 인도하심을 경험할 겁니다. 더 행복하게 신앙생활 하길 기대해봅니다.

하 : 맞습니다. 우리 시대 어른들도 참 많이 수고했지만 지금 젊은 성도님들도 참 많이 애썼지요. 재미있는 일도 많았습니다. 예배 마치고 다같이 족구했던 거 참 즐거웠습니다. 70이 훨씬 넘은 나이에 젊은 성도들하고 족구하고, 천원에 목숨 걸고, 핏대 세우며 뛰어다니던 기억이 참 좋았습니다.

서 : 그렇네요. 하하하. 천국 가면 다 같이 신나게 한판 하시지요.

하 : 좋습니다. ㅎㅎ. 그때는 스파이크 신나게 때려야겠습니다.

"
사랑이꽃피는교회는
아름다운 역사로 내일을 여는 공동체입니다.
"

# 보인리를 걷다가 만난 교회 초기 이야기
## (1953~2002년)

서우석 목사

도정호 장로님을 따라 보인리 마을 안으로 들어갔습니다. 마을 안에는 새로 지은 깔끔한 양옥집과 오래된 낡은 집들이 흩어져 있었습니다. 그러다 발견한 '버티미길 16길 7-5' 예전 번지는 정확히 알 수 없었지만 오래 된 가정집이었습니다.

1953년 9월 19일 그곳에서 처음 교회 발족예배를 드렸다고 했습니다. 그러나 교회의 흔적은 전혀 찾아 볼 수 없었습니다. 교회가 시작 된 곳이 얼마나 중요하겠냐마는 70년 전 교회를 처음 시작할 때 신앙 선배들의 마음과 각오를 떠올릴 수 있다면 좋겠다는 생각을 가지고 발걸음을 옮겼습니다.

수십 미터 더 가니 금방 나타난 주소 명패는 '버티미길 12길 58-13'이었습니다. 녹슨 철문은 잠겨져 있고, 시멘트 벽돌 담장은 삭아 있었습니다. 그 틈새로 보이는 적산가옥(적이 만든 건물, 일본이 만들어 사용하던 집이나 건물)이 보였습니다. 일본인들이 철수한 후 1953년 10월 10일 성도들은 여러 칸으로 나누어진 일본식 가옥 중간 방을 매입했고 제1예배당을 설립했다고 했습니다. 그렇게 도정호 장로님의 이야기를 빌어 이전 교회 터 안을 살폈습니다.

보인리에서 함께 예수님을 믿어 신앙생활을 시작한 김영순, 김종만, 박영술, 서금연, 이성환, 허동암 성도가 감격에 겨워 찬양을 부릅니다. 작은 가정집을 빌려 예배드렸던 성도들이 처음으로 예배당 건물을 사서 모임을 하니 감격이 큽니다. 그렇게 마음이 하나로 모인 성도들의 찬양 소리와 예배의 현장이 마치 들리고 보이는 듯했습니다.

일제치하 억압 가운데 살았을 겁니다. 예수 믿는 것이 핍박의 대상이었던 시대입니다. 해방 이후라고 해도 예수님을 믿는 사람이 적고, 먹고 살 문제가 해결되지 않는 시절 성도들이 교회당을 구입하는 일은 쉽지 않았을 거라 생각했습니다. 그리고 그 시절 그 건물이 70년이 지난 지금에도 그대로 남아 있는 것이 신기했습니다.

새로운 예배당이 생겼다는 기쁨에 설레 있을 때, 곧 1955년 7월 4일에 지금 교회 옆 구사택 터에 새로운 예배당은 지어 옮겼습니다. 성도들은 자신의 집을 짓는 것보다 언제나 교회당이 우선이었고, 자신들의 형편보다 교회와 사역이 우선이었습니다. 교회가 첫 처소에서, 적산가옥으로, 구사택 자리인 현재 교회 근처로 이동하고 교회를 짓는 과정을 살펴보면 알 수 있었습니다.

교회에는 많은 사역자가 함께했습니다. 황진규(54년 부임, 이하 연도만 기입), 김원섭(55), 황성호(57), 한상직(60), 김영식(62), 김명관(67)

전도사가 사역했습니다. 62년에는 김종래 장로가 임직했습니다. 김봉오(61), 배충실(74), 고기영(77) 목사도 봉사했습니다. 많은 사역자가 다녀갔고, 1977년에는 허동암, 안형용, 박영술 세분의 집사도 세워졌습니다.

오수성(85) 목사가 부임하고 그해 5월 장로- 서영수, 임종규. 집사 - 조재욱, 서권수, 정대근, 허병근, 하칠태, 김상수, 서경문. 권사- 전연이, 김순덕 성도가 직분자로 임직했습니다. 그 후 나달식(87) 목사, 김덕주(90), 조재만(90) 전도사, 김종렬(92) 목사, 김종학(92), 김형식(93), 정연철(95), 고재승(96), 이계순(96), 김진규(97), 이상국(98), 전도사와 공성배(99), 서정환(99) 강도사가 교회를 섬겼습니다.

장로와 집사, 권사의 임직도 이어졌습니다. 김민수(92), 조화정(92), 정을임(92) 권사, 서권수(96), 김상수(96), 이경모(97), 허병근(98), 하칠태(98), 서경문(98) 장로, 하경남(98), 윤부자(98), 이태남(98), 류정희(98) 권사가 임직했습니다.

교회의 발자취를 기억하며 직분자를 지속적으로 기록하는 것은 교회의 역사가 성도가 직분의 직무를 다하는 과정이기에 그렇습니다. 교회는 직분자들의 설교와 봉사와 섬김으로 성장하기 때문입니다. 교회는 그렇게 세워지고 성장합니다.

지난 70년간 교회가 지속적으로 세워지고 성장 해온 이유는 그리스도께서 맡기신 섬김을 이름 없이 빛도 없이 해 온 직분자들과 성도들의 헌신과 희생 덕분일 것입니다.

# 우리가 함께 일구어낸 하나님 나라
## (2002~2023년 현재까지)

서우석 목사

2014년 1월 처음 부임한 사랑이꽃피는교회는 무엇인가 이상한 교회였습니다. 당시 사랑이꽃피는교회는 없는 게 많은 교회였습니다. 수요기도회는 없었고, 교역자들의 새벽기도 필참도 없었습니다. 교역자회의는 없었고 교역자들 사이의 위계도 거의(?) 없었습니다. 그리고 곧 오후예배도 새벽기도도 없어졌습니다. 흔히 있는 주방 권사님들의 다툼도 없었고, 목사님과 장로님들 사이에 긴장도 없었습니다.

이제 와서 생각해보면 처음부터 없었던 것은 아니고 2002년 담임목사 부임 이후 끊임없이 자신의 권리를 포기하고 서로를 배려한 결과라고 생각했습니다.

동시에 사랑이꽃피는교회는 있는 것도 많은 교회였습니다. 없는 것도 많은 데 있는 것도 많은 교회였습니다. 리더모임이라고 하는 금요리더훈련이 있었는데 그때마다 담임목사는 사랑의 관계성을 외쳤습니다. 사랑이 부족해 그런 줄 알았는데 얼마 지나지 않아 교회가 사랑이 넉넉하다는 걸 알게 됐습니다. 작은 실수를 했을 때도 시험에 떨어져 졸업이 늦어졌을 때도 성도들은 언제나 넉넉했습니다.

사랑이꽃피는교회는 교역자도 많은 교회입니다. 제가 올 때 7명이었으나 10년 만에 13명이 됐습니다. 그에 못지않게 사역도 많은 교회입니다. 앞선 여러 글을 보면 아시겠지만 시골교회, 기백 명의 성도 숫자에 비하면 엄청나게 많은 사역이 있습니다. 또 사랑이꽃피는교회는 어린 자녀들이 많은 교회입니다. 구빈건 목사님이 다섯 자녀, 이소영 전도사님이 다섯 자녀, 방종극 목사님이 네 자녀, 류재완 집사님이 네 자녀입니다. 세 자녀는 너무 많아서 기록하기도 어려운 정도이니 자녀가 많은 교회입니다.

도대체 100여 분 모이는 시골마을 작은교회에 무슨 변화가 있었길래 지금의 모습이 됐을까요? 사랑이꽃피는교회 체질을 어떻게 바꿔왔는지! 어떤 걸음을 걸어왔는지! 살펴볼까 합니다.

50년간 많은 교역자의 직무와 직분자들의 봉사가 교회를 이끌어왔습니다. 그 덕에 교회는 너른 예배당도 성도와 직분자도 많아졌습니다. 그러나 기존 교회가 가진 부족한 부분을 어떻게 보완하고 더욱 건강한 교회로 성장해 왔을까요?

### 사람을 세우는 사랑의 공동체
2002년 12월 8일 구빈건 목사 부임 이후 교회의 연혁을 살펴보니 별다른 내용이 없었습니다. 담임목사 이후 1주일 만에 장덕신 전도사의 부임을 시작으로, 조정희(03년), 정명화(05), 김영준(06), 윤지헌(08), 장경희(08) 전도사, 임충만 간사(08), 이소영(09), 방종극(10) 박은혜(10), 박현미(11), 서우석(14), 배성환(15) 전도사가 부임한 것이 큰 비중을 차지하고 있었습니다.

몇몇 사역자가 사역지를 옮긴 것을 제외하면 사역자 대부분이 길게는 20년 넘게부터 10여 년 정도씩 봉사 중입니다. 이후 부임한 사역자들은 구웅(20), 임평강(20), 구예찬(21), 장진(23) 전도사 윤희준 간사(23), 성혜진 청소년센터 간사(23)인데 모두 교회 공동체를 수년간 경험하고 자원하는 자를 대상으로 교회의 투표를 거쳐 임명된 사역자들입니다. 그러고 보면 구빈건 담임목사 부임 이후 목사를 청빙해서 사역한 경우는 없습니다. 다들 전도사로 부임해서 수년간 공동체를 경험하면서 공동체에 녹아들었습니다. 마치 의도라도 한 듯 모두가 전도사 때 부임을 했습니다. 교회의 사역자가 그저 기능적인 역할을 하는 것이 아니라 성도들과 사랑의 관계를 통해서 사역한다고 수년간 강조해 온 결과를 연혁으로 보고 있으니 그 주장이 더 선명해졌습니다.

사랑의 공동체는 사람의 공동체였습니다. 사랑의 공동체를 위해서 한 것은 무엇인가 제도와 성과를 이루어 내는 것이 아니었습니다. 사람을 세우고 사람을 사랑하는 공동체의 지향이 지금의 사랑이꽃피는교회를 만들어 냈다는 사실이 연혁을 정리하며 더욱 가슴 뛰게 했습니다. 교회는 이러한 마음을 담아 2008년 교회 이름을 대조교회에서 사랑이꽃피는교회로 변경을 했습니다.

교회는 목장모임(셀모임)을 가장 중요하게 생각하고 강조합니다. 목장에서 이루어지는 말씀의 실천과 삶의 나눔이 신앙 성장의 척도라고 확신합니다. 리더의 양육은 흔히 말하는 도제 교육의 방식을 채택합니다. 한 목장에서 수년간 함께 울며 웃으며 신앙을 나눈 이들 중에서 다음 목자를 세워 분가하는 형태로 성도들의 신앙이 삶에 녹아들도록 돕습니다. 매주 진행되는 리더모임과 목장 중심의 많은 활동이 20년 연혁에서 눈에 띄는 내용이었습니다.

### 다음 세대를 세우는 교회

2002년 이후 연혁을 살피며 주목되는 사실 두 번째는 사역의 흐름은 다음 세대를 위한 투자입니다. 02년 담임목사 부임을 시작으로 다음 세대를 책임질 사역자들을 지속적으로 청빙했습니다. 시골교회 몇 명 되지 않는 교육부서를 책임질 사역자를 계속 청빙하는 일은 쉬운 일은 아닙니다. 교회의 청년 중 사역자가 세워지기 시작한 뒤로는 더욱 많은 사역자를 세웠습니다. 23년 현재 13명의 사역자가 동역하는 것을 보면 교회가 얼마나 다음 세대에 진심인지 알 수 있습니다.

사역자를 청빙 하는 것과 함께 06년엔 교육관을 지어 초등부와 청소년들이 사용할 수 있게 했습니다. 08년엔 CMS 어린이 영어스쿨을 개원해서 초등부 친구들이 학원이 아니라 교회에서 공부할 수 있는 방과후 학교를 시작했습니다. 그 후 각 교육부서마다 한 명의 사역자가 전담할 수 있도록 교육부서에 투자했습니다.

담임목사가 청년부를 담당하는 일은 흔치 않습니다. 교역자가 여러 명 있는데도 담임목사와 그의 사역이 청년부에 머물러 있는 교회는 더더욱 흔치 않습니다. 교회에 오기 전부터 의아한 것 중 하나가 담임목사가 매주 청년들과 축구하고, 야식 먹고, 집에 초대하기를 쉬지 않는

다는 것이었습니다. '그의 관심이 청년에게 있구나!'라는 생각이 교회에 사역자로 합류한 이후 더욱 분명해 졌습니다.

다음 세대에 대한 관심은 교회 전체에 퍼져 있었습니다. 많지 않은 교인 수에 부서마다 교역자를 두고 사역에 집중할 수 있는 구조를 만들었습니다. 그 외에도 자녀를 낳아서 바르고 건강하게 키울 수 있는 여러 보조 장치들을 만들었습니다. 아이가 태어나면 전 교인이 선물을 준비해 아이의 출생을 축하했습니다. 토요일마다 유치부 아이들을 교회와 청년들이 맡아 육아를 도왔습니다. 이미 2008년 어린이 영어스쿨을 만들고 교회 방과후 학교를 시작했습니다. 그것이 자녀들을 학원에 보내지 않고 교회에서 함께 키울 수 있는 여건도 갖추었습니다. 그 방과후 학교는 어느덧 10여 년이 흘러 중학생들에게까지 확대되었고, 매일 40여 명의 초등학생과 10여 명의 중학생이 교회에서 함께 공부하고 운동합니다. 10여 명의 자원봉사자와 선생님들이 함께 합니다.

다음 세대에 관한 관심은 어린이들과 청소년에서 머무는 것이 아닙니다. 교회는 해마다 수천만 원이 들어가는 학사관을 운영하고 있습니다. 매년 학사의 혜택을 받는 대학생들을 늘리려고 성도들 전체가 헌금하는 기간을 한 달간 가집니다. 본인이 가진 원룸과 아파트를 무상으로 학사로 사용하도록 헌신하는 성도들도 있습니다. 수많은 성도가 대학 청년들을 위해 지갑을 열고, 그들의 신앙과 학업, 삶을 응원합니다.

전 교인이 매년 여름에 떠나는 국내전도여행이 있습니다. 전도여행 준비팀장들은 20~30대가 합니다. 40세가 되면 후배들이 잘 봉사할 수 있도록 팀장 자리를 양보합니다.

전도여행에는 20개 조를 이루어 시골마을로 봉사를 떠나는데, 이 봉사를 이끄는 조장들은 20~22세 청년들이 맡습니다. 장로님, 권사님들이 그들의 지휘에 맞춰 춤을 추고 자신의 역할을 다합니다. 그렇게 청년들은 성장하고 교회의 일부가 되어갑니다.

### 이웃과 함께하는 교회

교회가 20년 동안 두드러지는 변화 중 하나는 교회가 이웃들에게 사랑을 전하는 사역을 지속, 발전시켜 온 것입니다. 교회는 2010년부터 국내전도여행을 시작했습니다. 의령으로 떠난 시골 봉사는 4년간 지속됐습니다. 2014년 함양으로 옮겨 5년간 더 진행했고 코로나로 중단됐습니다. 그랬던 시골마을 봉사 – 전도여행을 2023년 다시 시작합니다. 청년들이 ○○마을 ○○할머니 뵙고 싶다는 말을 할 때 그간 해온 우리 사역의 의미를 더욱 깊이 느꼈습니다.

해외비전트립도 2012년부터 시작했습니다. 필리핀 세부지역을 시작으로, 마닐라와 태국 파타야 지역으로 사역이 확장됐습니다. 그렇게 코로나 시기를 제외하면 2023년 1월까지 10년 동안 10번의 해외비전트립을 다녀왔고 많은 열매를 경험하고 있습니다.

2014년 시작한 영아부 사랑나눔바자회는 미혼모들을 지속적으로 도왔습니다. 2019년에 이르러서는 바자회 수익금으로 가정형 고아원인 그룹홈을 돕기 시작했습니다. 그 후 2020년 여름부터는 매주 그룹홈 아이들을 만나기 시작했습니다. 그렇게 그룹홈 사역이 시작되었고 5명의 아동과 5팀을 자매결연해서 돌보고 있습니다. 교인들을 대상으로 하던 사랑나눔바자회는 2021년 1회 마켓보인동을 시작으로 진량,

하양 지역민들이 함께하는 플리마켓 행사로 확대하여 5회까지 진행 중입니다.

2015년 가을에 시작한 독거노인 봉사도 마찬가지입니다. 처음 시작한 사역이 현재까지 지속 될 수 있었던 것은 매주 6~7찬 정도의 도시락을 10개씩이나 쉬지 않고 만들어 주신 여성도님들의 헌신과 지금까지도 매주 어르신들과 한두 시간 보내기를 마다하지 않는 청년, 청소년들 덕분입니다.

그렇게 이웃과 함께하는 교회를 고민하다가 코로나로 모두가 침체되어 있을 그 시기 2021년 2월 15일 하양읍에 청소년센터 아지트 8-1을 시작했습니다. 2년이 지난 지금 아지트 8-1은 매주 수십 명의 청소년이 찾는 청소년들의 아지트가 됐습니다. 와서 공부도 하고 보드게임, 라면도 먹는 진짜 청소년들의 아지트가 됐습니다. 그리고 이제는 좀 더 실제적인 도움을 주기 위해 청소년센터로서 역할을 준비 중입니다.

2002년 이후 정말 많은 사람과 사역이 있었습니다. 일일이 나열할 수 없어 큰 흐름을 찾다 보니 세 가지 흐름으로 정리됐습니다. 그 외에도 교회는 많은 변화를 겪었습니다. 책 전반에 흐르는 성도들의 고백과 사역자들의 소개가 하나님의 교회를 어떤 마음으로 섬겨가고 있는지 보여 줄 것이라 확신합니다.

최근 20여 년 교회의 걸음을 살피는 것은 큰 유익이 있었습니다. 동시에 앞으로도 이 길을 꿋꿋하게 걸어가야 할 큰 책임감도 느낍니다. 역사를 기억하는 이유는 역사를 발전시켜 더욱 진전된 하나님 나라를 꿈꾸기 위해서입니다. 그것이 우리가 70년 교회 역사 앞에 부끄럽지 않은 삶을 사는 길입니다.

# 화보
## 그리고 연혁

"
사랑이꽃피는교회는
멋진 추억을 만들어가는 천국 공동체입니다.
"

# 교회 연혁

| | |
|---|---|
| 2023. 01. 01 | 장진 전도사 부임 |
| 2022. 12. 04 | 집사임직 : 전유식 손익진 오경한 허종명 박원오 하정욱 김호문 |
| | 집사취임 : 최광호 |
| | 권사임직 : 하태숙 이은례 김윤자 황종분 서혜숙 유정희 하순화 |
| | 권사취임 : 조은주 |
| 2021. 07. 04 | 권사은퇴 : 송팔금 권경태 |
| 2021. 04. 12 | 서우석 강도사 목사 임직식 구 웅 전도사 강도사 인허 |
| 2021. 01. 01 | 구예찬 전도사 부임 임평강 전도사 부임 |
| 2020. 08. 01 | 장덕신 목사 사임 |
| 2019. 04. 02 | 서우석 전도사 강도사 인허 |
| 2017. 04. 18 | 방종극 강도사 목사 안수식 |
| 2015. 12. 06 | 집사임직 : 류재완 |
| | 권사취임 : 김덕순 |
| | 권사임직 : 김미자 이병희 성순기 김금희 정 숙 김승예 전미정 |
| 2015. 12. 04 | 배성환 전도사 부임 |

| | |
|---|---|
| 2015. 04. 14 | 방종극 전도사 강도사 인허 |
| 2014. 01. 05 | 서우석 전도사 부임 |
| 2012. 12. 16 | 원로장로 추대 : 서영수 |
| | 장로장립 : 금윤홍 도정호 배준우 |
| 2011. 10. 01 | 박현미 전도사 부임 |
| 2010. 12. 09 | 원로장로 추대 : 임종규 |
| | 집사장립 : 허인열 서현탁 |
| | 권사임직 : 장성순 |
| | 권사은퇴 : 윤부자 |
| 2010. 04. 25 | 박은혜 전도사 부임 |
| 2010. 04. 13 | 장덕신 강도사 목사 안수식 |
| 2009. 12. 27 | 장로은퇴 : 허청차 |
| | 권사은퇴 : 하경남 |
| 2009. 07. 05 | 이소영 전도사 부임 |
| 2008. 10. 14 | **대조교회에서 사랑이꽃피는교회로 개명** |
| 2008. 01. 06 | 장경희 전도사 부임 |
| | 윤지헌 전도사 부임 |

# 교회 연혁

| | |
|---|---|
| 2007. 12. 22 | 장로취임 : 조종수 |
| | 권사취임 : 김수련 |
| | 집사임직 : 윤문보 배준우 |
| | 권사임직 : 권경태 박은숙 조정숙 |
| | 권사은퇴 : 김민수 |
| 2007. 02. 04 | 장덕신 전도사 강도사 인허 |
| 2006. 12. 30 | 장로은퇴 : 서권수 |
| | 권사은퇴 : 이병순 |
| 2006. 12. 17 | 김영준 전도사 부임 |
| 2005. 12. 25 | 정명화 전도사 부임 |
| 2005. 12. 17 | 장로은퇴 : 이경모 |
| 2005. 05. 21 | 장로취임 : 허청차 |
| | 집사취임 : 고시식 |
| | 집사임직 : 금윤홍 도정호 |
| | 권사취임 : 정경화 이병순 |
| | 권사임직 : 강남옥 송팔금 최혜심 |
| 2003. 11. 09 | 교회설립 50주년 기념 예수축제 |
| | (강사 : 원베네딕트 선교사) |
| 2003. 09. 21 | 조정희 전도사 부임 |

| | |
|---|---|
| 2003. 02. 11 | 구빈건 목사 위임식 |
| 2002. 12. 15 | 장덕신 전도사 부임 |
| 2002. 12. 08 | 구빈건 목사 부임 |
| 1999. 01. 03 | 서정환 강도사 부임<br>공성배 강도사 부임 |
| 1998. 12. 17 | 장로장립 : 허병근 하칠태 서경문<br>권사취임 : 하경남 윤부자 이태남 류정희 |
| 1998. 04. 01 | 이상국 전도사 부임 |
| 1997. 10. 22 | 장로취임 : 이경모 |
| 1997. 07. 06 | 김진규 전도사 부임 |
| 1996. 12. 17 | 장로장립 : 서권수 김상수 |
| 1996. 10. 13 | 이계순 전도사 부임 |
| 1995. 04. 02 | 고재승 전도사 부임 |
| 1994. 04. 17 | 정연철 전도사 부임 |
| 1993. 11. 14 | 김형식 전도사 부임 |
| 1993. 01. 14 | 김종렬 목사 위임식 |
| 1992. 12. 27 | 김종학 전도사 부임 |

| | |
|---|---|
| 1992. 12. 08 | 김종렬 목사 부임 |
| 1992. 02. 11 | 제4예배당 헌당예배(대지 783평 총 건평 312평)<br>권사취임 : 김민수 조화정 정을임(2대) |
| 1990. 09. 02 | 조재만 전도사 부임 |
| 1990. 01. 02 | 김덕주 전도사 부임 |
| 1987. 12. 17 | 나달식 목사 부임 |
| 1985. 05. 02 | 장로장립 : 서영수 임종규<br>집사장립 : 도재욱 서권수 정대근 허병근 하칠태<br>김상수 서경문<br>권사취임 : 전연이 김순덕 집사(1대) |
| 1985. 03. 01 | 오수성 목사 부임 |
| 1977. 12. 16 | 집사장립 : 허동암 안형용 박영술 |
| 1977. 11. 20 | 고기영 목사 부임 |
| 1974. 03. 17 | 배충실 목사 부임 |
| 1968. 03. 01 | 제3예배당 헌당식 |
| 1967. 02. 02 | 김명관 전도사 부임 |
| 1962. 10. 07 | 김영식 전도사 부임 |

| 1962. 02. 08 | ● | 장로장립 : 김종래 |
| 1961. 10. 01 | ● | 김봉오 목사 부임 |
| 1960. 12. 12 | ● | 한상직 전도사 부임 |
| 1957. 11. 11 | ● | 황성호 전도사 부임 |
| 1955. 07. 04 | ● | 제2예배당 신축 |
| 1955. 06. 05 | ● | 김원섭 전도사 부임 |
| 1954. 04. 15 | ● | 황진규 전도사 부임 |
| 1953. 10. 10 | ● | 제1예배당 설립 (대조동소재 적산소림주택 일부매입) |
| 1953. 09. 19 | ● | 발족예배 김종만 장로 박영술 허동암 서금연 김영순 이성환 외 |

사랑이꽃피는교회 70주년 기념_성도들의 사랑이야기

# 천국을 누리고 세우는
# 사랑이꽃피는교회 이야기

초판 1쇄     2023년 10월 10일

지은이     사랑이꽃피는교회 출판위원회
         (38441) 경상북도 경산시 진량읍 버티미길12길 11(보인리)
         T. 053-851-8291 / F. 053-851-8294
홈페이지     http://www.bloominglove365.org
유튜브     사랑이꽃피는교회 방송국
인스타     blooming_love_church / azit8-1
펴낸이     구빈건

펴낸곳     고신언론사
주소     서울시 서초구 고무래로 10-5(반포동) 고신총회 3층
전화     02-592-0981, 02-592-0985(FAX)
편집인     최정기
기획책임     박진필
디자인     조은희
인쇄     유성드림